HANS RENTSCH

AVENIR SUISSE

UMWELTSCHUTZ AUF ABWEGEN

WIE VERBÄNDE IHR BESCHWERDERECHT EINSETZEN

orell füssli Verlag AG

www.ofv.ch

Gestaltung und Satz: Avenir Suisse, Zürich
Fotografie: Melanie Hofmann, Zürich
Druck: fgb · freiburger graphische betriebe, Freiburg i. Brsg.
Printed in Germany

ISBN 3-280-05044-8

Bibliografische Information der Deutschen Bibliothek
Die Deutsche Bibliothek verzeichnet
diese Publikation in der Deutschen Nationalbibliografie;
detaillierte bibliografische Daten sind im Internet
über http://dmb.ddb.de abrufbar

Zitiervorschlag:
H. Rentsch / AVENIR SUISSE, Umweltschutz auf Abwegen (Zürich, 2003)

INHALT

Abkürzungen

ARE Bundesamt für Raumentwicklung

BGE Bundesgerichtsentscheid
BUWAL Bundesamt für Umwelt, Wald und Landschaft

LRV Luftreinhalteverordnung
LSV Lärmschutzverordnung

NHG Natur- und Heimatschutzgesetz

PBG Planungs- und Baugesetz (kantonal)
PN Pro Natura (Verband)

RPG Raumplanungsgesetz

SHS Schweizer Heimatschutz (Verband)
SL Stiftung Landschaftsschutz Schweiz (Verband)

USG Umweltschutzgesetz
UVB Umweltverträglichkeitsbericht
UVEK Departement für Umwelt, Energie und Verkehr
UVP Umweltverträglichkeitsprüfung

VCS Verkehrsclub der Schweiz (Verband)
VBO Verordnung über die Bezeichnung der im Bereich des Umweltschutzes sowie des Natur- und Heimatschutzes beschwerdeberechtigten Organisationen

WWF World Wildlife Fund (Verband)

---

01 / DAUERBRENNER VERBANDSBESCHWERDE

Zur Einstimmung

Am 6. Juni 1971 nahmen fast 93 Prozent der Stimmenden und alle Kantone den neuen Verfassungsartikel 24^{septies} BV an. Dieser machte den Schutz des Menschen und seiner natürlichen Umwelt gegen schädliche oder lästige Einwirkungen zur Bundesaufgabe. Auf dieser Grundlage entstand in der Folge das Umweltschutz-Gesetz (USG), das 1985 in Kraft trat und im Umweltschutz die Verbandsbeschwerde einführte.

Am 6. April 2001 schrieb der beschwerdeberechtigte Verkehrsclub der Schweiz (VCS) in einer Medienmitteilung: «*[...] gesteht der VCS der Bauherrschaft eine Verdoppelung der Wohnungsparkplätze zu.*» Und weiter: «*Hier erhöht der VCS die Parkplatzzahl um mehr als 10 Prozent im Rahmen des Baubeschlusses 1997, wenn entsprechende Änderungen in der Baubewilligung ausgewiesen sind.*»

Die Sprache verrät es: Hier führt sich ein privater Verein auf wie eine Behörde – auch eine Folge von 30 Jahren helvetisch-perfektionistisch-bürokratischer Umsetzung von Umweltrecht. Nicht allein diese Tatsache ist bedenklich, sondern ebenso der Umstand, dass sich kaum jemand in Medien und

Öffentlichkeit an einer derart offensichtlichen Verwischung institutioneller Kompetenzen und Verantwortlichkeiten zu stossen scheint. Die Sensibilität für institutionelle Klarheit stumpft sich im Zeitalter der grassierenden Verhandlungsdemokratie mit ihren «runden Tischen» zunehmend ab.

Die Zustimmung zum BV-Artikel 24^septies^ wäre wohl kaum so überwältigend ausgefallen, wären solche konkreten Folgewirkungen der neuen Verfassungsbestimmung schon damals absehbar gewesen. Das Stimmvolk handelte unter ausgeprägt «asymmetrischer Information»: Zum Zeitpunkt der Abstimmung über den Verfassungsartikel konnte kaum jemand die nachfolgende lange Reihe der Ausführungsgesetze und -verordnungen und die resultierende Einspruchspraxis der Verbände voraussehen. Ebenso wenig mobilisierten sich allfällige Gegner, die sich aus heutiger Sicht zu den übermässig Betroffenen rechnen müssen. So verwundert es nicht, wenn es heute zur offiziellen Rechtfertigung des Verbandsbeschwerderechts einen 300-seitigen Bericht des BUWAL braucht.

Worum geht es?

In der Schweiz verfügen auf Bundesebene derzeit 30 Organisationen über ein so genannt ideelles Verbandsbeschwerderecht im Umweltschutz. Der Begriff Umweltschutz gilt als Oberbegriff für alle Anliegen von Natur-, Heimat- und Umweltschutz. Das Verbandsbeschwerderecht wurde 1966 im Natur- und Heimatschutzgesetz (NHG) eingeführt und 1985 mit dem Inkrafttreten des Umweltschutzgesetzes (USG) erweitert. Auch das Bundesgesetz über die Fuss- und Wanderwege, 1985 vom Parlament verabschiedet, enthält eine Beschwerdelegitimation für spezialisierte Verbände. Im Februar 2003 fügte der Nationalrat zudem mit knappem Mehr das Verbandsbeschwerderecht in die Gen-Lex ein.

Gesetzliche Grundlagen

Art. 12 NHG: Beschwerderecht der Gemeinden und Organisationen

1 Den Gemeinden sowie den gesamtschweizerischen Organisationen, die sich dem Naturschutz, dem Heimatschutz, der Denkmalpflege oder verwandten, rein ideellen Zielen widmen und mindestens seit zehn Jahren bestehen, steht das Beschwerderecht zu, soweit gegen kantonale Verfügungen oder gegen Verfügungen von Bundesbehörden letztinstanzlich die Beschwerde an den Bundesrat oder die Verwaltungsgerichtsbeschwerde an das Bundesgericht zulässig ist.

2 Der Bundesrat bezeichnet die zur Beschwerde berechtigten Organisationen.

3 Die Gemeinden und Organisationen sind auch berechtigt, die Rechtsmittel des kantonalen Rechts zu ergreifen [...]

Art. 55 USG: Beschwerderecht der Umweltschutzorganisationen

1 Soweit gegen Verfügungen der kantonalen oder Bundesbehörden über die Planung, Errichtung oder Änderung von ortsfesten Anlagen, für die eine Umweltverträglichkeitsprüfung nach Artikel 9 erforderlich ist, die Verwaltungsbeschwerde beim Bundesrat oder die Verwaltungsgerichtsbeschwerde beim Bundesgericht zulässig ist, steht das Beschwerderecht auch den gesamtschweizerischen Umweltschutzorganisationen zu, sofern sie mindestens zehn Jahre vor Einreichung der Beschwerde gegründet wurden.

2 Der Bundesrat bezeichnet die zur Beschwerde berechtigten Organisationen.

3 Diese sind auch legitimiert, von den Rechtsmitteln im kantonalen Bereich Gebrauch zu machen.

4 Die Behörde eröffnet den Organisationen ihre Verfügung nach Absatz 1 durch schriftliche Mitteilung oder durch Veröffentlichung im Bundesblatt oder im kantonalen Publikationsorgan. Organisationen, die kein Rechtsmittel ergriffen haben, können sich am weiteren Verfahren nur noch als Partei beteiligen, wenn die Verfügung zugunsten einer anderen Partei geändert wird und sie dadurch beschwert werden.

5 Sieht das Bundesrecht oder das kantonale Recht vor, dass vor dem Erlass der Verfügung ein Einspracheverfahren durchgeführt wird, so sind Organisationen nur beschwerdebefugt, wenn sie sich an diesem Einspracheverfahren als Partei beteiligt haben. In diesem Fall ist das Gesuch nach den Vorschriften von Absatz 4 zu veröffentlichen.

Das Beschwerderecht nach USG ermöglicht den betreffenden Organisationen Einsprachen gegen die Planung, Errichtung oder Änderung von ortsfesten Anlagen, für die eine Umweltverträglichkeitsprüfung erforderlich ist. Unter dem NHG steht bestimmten Verbänden das Rekursrecht gegen Verfügungen zu, die in Erfüllung einer Bundesaufgabe im Sinne des Natur- und Heimatschutzes ergehen. Auch in einigen kantonalen Gesetzgebungen findet sich ein Beschwerderecht für Umweltverbände, das sachlich zum Teil weiter geht als dasjenige auf Bundesebene, etwa im Bereich der Richt- und Nutzungsplanung.

Für die Aufnahme in die Liste der beschwerdeberechtigten Verbände nach USG und NHG gelten drei einschränkende Voraussetzungen: Es muss sich um eine ideelle Vereinigung handeln, sie muss seit mindestens zehn Jahren bestehen, und sie muss gesamtschweizerisch im Umweltschutz bzw. Natur- und Heimatschutz tätig sein.

Den bezeichneten Umweltorganisationen steht ein so genanntes selbständiges Beschwerderecht zu, mit dem sie ideelle (öffentliche) Interessen vertreten (ideelle Verbandsbeschwerde). Im Gegensatz zum unselbständigen Beschwerderecht ist jenes nicht an die Bedingung geknüpft, dass die privaten Interessen von Mitgliedern betroffen sein müssen, diese Mitglieder also selbst zur Klage berechtigt wären.

Die folgenden drei Fälle illustrieren die Wirkung bzw. den Einsatz der Verbandsbeschwerde:

Umweltschutz — Beim Projekt Eurogate, einer Grossüberbauung am Hauptbahnhof Zürich, forderte der VCS unter anderem eine Reduktion und die rigorose Bewirtschaftung der Parkplätze zur Einschränkung des motorisierten Privatverkehrs. Das Projekt scheiterte unter Termindruck in den

Schlussverhandlungen an zusätzlichen Forderungen des VCS und an zwei beim Bundesgericht hängigen Beschwerden des gleichen Verbands.

Heimatschutz — Im Fall des Bahnhofumbaus in Affoltern am Albis – wichtiger Bestandteil der Aufwertung des S-Bahn-Netzes Zürich – rekurrierte der Zürcher Heimatschutz erfolglos gegen den Abbruch eines alten, nach Ansicht des Heimatschutzes schutzwürdigen Güterschuppens. Die Opposition des Heimatschutzes zwang die SBB zur Ausarbeitung zahlreicher Projektvarianten, so dass aus dem Umbauprojekt eine rund zehnjährige Leidensgeschichte wurde.

Naturschutz — Pro Natura, die Stiftung Landschaft Schweiz und der Schweizer Heimatschutz opponierten präventiv gegen die Pläne des Formel-1-Weltmeisters Michael Schumacher, auf dem Guggenbühel bei Wolfhalden AR in einer Landwirtschaftszone eine Luxusvilla mit Pferdestall zu bauen. Für Schumachers Bauprojekt wollte die Gemeinde Wolfhalden unter Wahrnehmung ihrer Planungsverantwortung einen Sondernutzungsplan erlassen und diesen in einem kommunalen Urnengang absegnen lassen. Verhandlungen mit den opponierenden Verbänden scheiterten nach dem zweiten «runden Tisch». Die Vertreter der Pro Natura stellten in Aussicht, den Fall zur Klärung der Rechtslage bis vor Bundesgericht zu ziehen. Schumacher gab nach den gescheiterten Verhandlungsversuchen seine Pläne auf, da die Fristen des Rechtswegs mit seinen Terminvorstellungen nicht zu vereinbaren waren.

Diese drei Fälle sind insofern beispielhaft, als die Hinweise auf Verhandlungen andeuten, dass für die Wirkung des Verbandsbeschwerderechts nicht der tatsächliche Gang zu den Gerichten massgebend ist. Die Verbandsbeschwerde entfaltet vor allem eine ausgeprägte Vorwirkung. Sie zwingt Projektträger, die Rekursrisiken in ihren Projektplanungen zu berücksichtigen. In vielen Fällen wählen die Projektträger deshalb den Weg über

Verhandlungen mit beschwerdeberechtigten Verbänden, um Unsicherheiten möglichst frühzeitig zu beseitigen. Auch kommunale Behörden verweisen inzwischen Projektpromotoren präventiv an die Verbände, damit sie nicht unnötig Baubewilligungen ausstellen, die dann mit Verbandsbeschwerden wieder angefochten und umgestossen werden. In einem dokumentierten Fall forderte kürzlich die Baubewilligungsbehörde einer Gemeinde die Bauträger sogar zu präventiven Verhandlungen mit dem VCS auf, obwohl es um eine Umnutzung für eine Überbauung mit Ausmassen klar unter der UVP-Pflicht ging.

Schon nach dieser skizzenhaften Darstellung der heutigen Beschwerdepraxis wird klar, dass bei der Wirkungsbeurteilung nicht nur die Vorwirkung und die Abwicklung der Beschwerden ausserhalb der Gerichte als «Kosten» der heutigen Einsprachemöglichkeiten eingeschätzt werden müssen, sondern im Weiteren auch alle grundsätzlich unterlassenen Projekte, weil die absehbaren Einsprachen Projektträger und Investoren entmutigten. Diese Verluste sind nicht bezifferbar.

Umstrittenes Vollzugsinstrument

Vor allem diese Vorwirkung des Beschwerderechts verleiht Verbänden einen beträchtlichen und vom Gesetz nicht im Voraus eingeräumten Einfluss auf grössere Bauprojekte. Es überrascht deshalb kaum, dass das Thema politisch umstritten ist. Widerstand gegen das Verbandsbeschwerderecht regt sich seit längerem und dauerhaft, verständlicherweise besonders in Kreisen von Projektträgern, Bauherren und der indirekt betroffenen Bauwirtschaft sowie bei deren politischen Repräsentanten. Auch bei zuständigen Behörden sind trotz amtlich gebotener Zurückhaltung gewisse Unmutsäusserungen und Anzeichen von Frustration über Auswüchse im Gebrauch der Verbandsbeschwerde festzustellen.

Die Hauptvorwürfe aus Wirtschaftskreisen gegen das Verbandsbeschwerderecht sind: generelle Ver- oder Behinderung von Grossinvestitionen in Realkapital, beträchtliche Zeitverzögerungen und Mehrkosten bei grösseren und kleineren Bauprojekten, missbräuchliches, ja erpresserisches Verhalten von Verbänden, wachsende Rechtsunsicherheit. Immer wieder werden zur Untermauerung der Kritik Projektfälle angeführt und gelegentlich auch eindrückliche Zahlen über das Gesamtvolumen verhinderter oder verzögerter Projekte genannt, die jedoch nur schwer zu verifizieren sind. Denn es fehlt bei den zuständigen Wirtschaftsverbänden eine zentrale Datensammelstelle, die systematische Auswertungen erlauben würde. Auch verbandspolitisch sind in den betroffenen Kreisen und Branchen, trotz heftiger Kritik aus jeweils individueller Warte, keine gemeinsamen Anstrengungen oder Initiativen gegen die heutige Ausgestaltung des Verbandsbeschwerderechts erkennbar.

Auf grundsätzlicher Ebene entzünden sich die Konflikte um die Verbandsbeschwerde primär an der zunehmenden Einschränkung privater Eigentums- und Handlungsrechte durch politisch definierte «öffentliche Interessen». Bemängelt wird aber auch, dass die Verbandsbeschwerde eine einseitige Gewichtung von Umweltanliegen im Widerstreit verschiedener «öffentlicher Interessen» bewirke. Als äusserst problematisch gilt zudem die Delegation staatlich-behördlicher Funktionen an private Vereinigungen – ausgerechnet im föderalistischen Musterstaat, der auf allen drei politischen Ebenen die Berücksichtigung des «öffentlichen Interesses» durch Volksmitsprache institutionalisiert hat. Und schliesslich bringen Kritiker gegen die Beschwerdeaktivität gewisser Verbände vor, sie zwängen Projektträger und Gemeinden in formalistischer Militanz und in Kenntnis der Sachlage sogar zu ökologisch widersinnigen Lösungen.

Die politischen Fronten sind aus diversen parlamentarischen Auseinandersetzungen und Abstimmungen auf Bundesebene und in einzelnen Kantonen bekannt. Es gibt eine recht klare Links-rechts-Konfrontation, und das Thema ist ideologisch belastet, was sicher auch strategisches Stimmverhalten fördert. Strategisches Stimmverhalten zeigen jene, die gegen die eigene Überzeugung stimmen, weil sie nicht mit den «Falschen» im gleichen Boot sitzen wollen. Die Sache an sich wird damit zur Nebensache.

Alle bisherigen politischen Bemühungen gegen das Verbandsbeschwerderecht auf Bundesebene, eingeschlossen eine Unterschriftensammlung für eine Volksinitiative (1997), scheiterten. Politische Vorstösse im Parlament zielten entweder auf eine Einschränkung des Verbandsbeschwerderechts oder auf eine Föderalisierung durch Rückverlagerung zu den Kantonen, in neuerer Zeit aber auch auf eine ersatzlose Abschaffung.

Parlamentarische Vorstösse

Die politischen Aktionen gegen das Verbandsbeschwerderecht auf Bundesebene kamen bisher ausschliesslich aus den Reihen der SCHWEIZERISCHEN VOLKSPARTEI (SVP). Diese Partei ist seit je eng mit dem Baugewerbe verbunden, das von Beschwerden materiell besonders betroffen ist. Zudem werden bei SVP-Anhängern die durch das Verbandsbeschwerderecht tangierten traditionellen föderalistischen und direktdemokratischen Institutionen höher gewichtet als in anderen Parteien. Unterstützung erhielten die SVP-Initianten in der Regel aus den Reihen der anderen bürgerlichen Parteien, jedoch nicht genug, um eine Mehrheit zu erreichen. Das rot-grüne Lager stellte sich jeweils geschlossen gegen die Abschaffung oder Einschränkung des Verbandsbeschwerderechts, während die bürgerliche Mehrheit gespalten ist.

Abschaffung der Verbandsbeschwerde

Die parlamentarische Initiative von Nationalrat Hans FEHR (SVP-Zürich), eingereicht 1999 und im folgenden Jahr behandelt, verlangte die Abschaffung des Verbandsbeschwerderechts im Bau- und Planungsbereich durch entsprechende Gesetzesänderungen. FEHR warf den Verbänden eine «oft willkürliche Verzögerungs- und Verhinderungspraxis» vor und führte eine ganze Reihe von entsprechenden Beweisfällen als Begründung für seinen Vorstoss an: 5. Ausbauetappe Flughafen Zürich, Westumfahrung Zürich, Baregg-Tunnel, Casino-Grossbau Egerkingen, Möbelzentrum Rothrist, Baukomplex Richti Wallisellen usw. Der Nationalrat lehnte die parlamentarische Initiative FEHR deutlich ab; in der Debatte spielten die Ergebnisse der eben erschienenen BUWAL-Evaluation [FLÜCKIGER, MORAND, TANQUEREL 2000] eine wichtige Rolle. Als materiellen Gegenvorschlag zur abgelehnten Parlamentarischen Initiative FEHR überwies der Nationalrat ein Postulat, das vom Bundesrat die Ausarbeitung eines «Ehrenkodex» für Verhandlungen verlangte.

Im Sommer 2002 reichte Nationalrat Jakob FREUND (SVP-Appenzell A.-Rh.) eine parlamentarische Initiative ein, die erneut die Abschaffung des Verbandsbeschwerderechts verlangt. Der Vorstoss fordert, es seien die entsprechenden Gesetzesänderungen vorzunehmen, um das in den verschiedenen Spezialgesetzen zuerkannte Beschwerderecht für Umwelt-, Natur- und Heimatschutzorganisationen aufzuheben. Der Initiant wurde durch den eingangs erwähnten Fall SCHUMACHER in seinem Heimatkanton zu seiner Initiative angeregt, wie in der Begründung des Vorstosses nachzulesen ist. Sein informeller Einblick in die dortigen Verhandlungsversuche brachten den Initianten gemäss eigenen Aussagen zur Überzeugung, dass mit einem Verhaltenskodex für Verhandlungen – einem zentralen Vorschlag aus dem genannten BUWAL-Bericht – keine Verbesserung zu erwarten sei, solange keine Sanktionen vorgesehen seien. Die Rechtskommission des Nationalrats empfahl den Vorstoss FREUND im Februar 2003 zur Ablehnung. Die Behandlung im Plenum des Nationalrats ist für die Herbstsession 2003 vorgesehen.

«Verwesentlichung» der Verbandsbeschwerde

Die Motion des Zürcher SVP-Ständerats Hans HOFMANN vom September 2000 setzte im Gegensatz zu den Vorstössen der Nationalräte FEHR und FREUND nicht auf die Abschaffung, sondern auf substantielle Modifikationen im NHG und im USG. Der Motionär lehnte nicht das sachliche Anliegen des Verbandsbeschwerderechts ab, sondern er kritisierte die Verfahrensfolgen. Er regte mit seinem Vorstoss an, man solle aus bisherigen Erfahrungen mit dem Verbandsbeschwerderecht lernen und gewisse Anpassungen vornehmen, nicht zuletzt durch eine Straffung der UVP-Pflicht, indem der Kreis der UVP-pflichtigen Anlagen enger zu fassen wäre. Folgendes wollte der Motionär gemäss seinen Ausführungen im Ständerat erreichen:

- Eine UVP soll nur dann durchgeführt werden müssen, wenn Vorschriften zum Schutz der Umwelt verletzt werden können, und nicht schon, wenn Anliegen des Umweltschutzes berührt werden.
- Eine UVP muss sich auf das zwingend Notwendige beschränken, wodurch auch eine Untersuchung über Massnahmen entfällt, die eine weitere, über das gesetzliche Mass hinausgehende Verminderung der Umweltbelastung herbeiführen könnten.
- Die Bewilligungsbehörde soll, obwohl ein Projekt der Sache nach von der abstrakten Liste über die UVP-Pflicht erfasst wird, aufgrund eines summarischen Berichtes direkt entscheiden können, wenn im konkreten Fall keine erheblichen Auswirkungen auf die Umwelt zu erwarten sind.
- Über die Notwendigkeit eines öffentlichen Bauvorhabens, einer Gemeinschaftsaufgabe, müssen die politischen Behörden oder die Stimmbürge-

Baregg-Tunnel: Beschleunigung oder Verzögerung?

Die kostspielige Verzögerung von Bauprojekten ist einer der Hauptkritikpunkte, die gegen das Verbandsbeschwerderecht angeführt werden. In den Gesprächen mit Kritikern und Befürwortern des Verbandsbeschwerderechts zeigte sich, dass beide Seiten die gleichen Projekte nennen, um sich gegenseitig jeweils das Gegenteil zu beweisen, z.B. im Fall der dritten Autobahn-Tunnelröhre am Baregg (Kanton Aargau). Für die Befürworter des Verbandsbeschwerderechts liefert das Baregg-Projekt den Nachweis für die beschleunigenden Folgen der Verbandsmitwirkung in Bewilligungsverfahren. Genau dieses Projekt erwähnte aber SVP-Nationalrat Hans FEHR in seiner Parlamentarischen Initiative als Beispiel für Verzögerungen durch Verbände.

Der Grund für diese Diskrepanz liegt in der unterschiedlichen Betrachtungsweise. Die eine Seite – die Befürworter – vergleicht den effektiven Ablauf durch Verhandlungen mit den Zeiträumen für mögliche Beschwerdeverfahren durch Ergreifen von Rechtsmitteln zur Durchsetzung des Rechtsvollzugs. Die andere Seite sieht dem Vollzug des Umweltrechts durch behördliche Verfahren Genüge getan und begreift somit jede Intervention von Verbänden als Verfahrensverzögerung. Mit anderen Worten: Während die Befürworter das Verbandsbeschwerderecht als notwendige Institution des Rechtsvollzugs voraussetzen, vergleichen die Kritiker einen vorgestellten Zustand ohne Verbandsbeschwerde mit der heutigen Situation.

rinnen und Stimmbürger zu befinden haben und nicht die Umweltschutzfachstellen und die Gerichte.

Beschwerden im Bereich des Umweltschutzgesetzes sind auf Vorbringen zu beschränken, die sich auf das Gesetz und die ausführenden Verordnungen stützen.

- Eine Beschwerde darf den Baubeginn und den Baufortgang immer dann nicht hindern, wenn der Ausgang des Verfahrens die Bauausführungen nachweislich nicht beeinflusst, d.h., wenn der Umwelt durch den Bau kein nicht wieder gutzumachender Schaden zugefügt würde.

Mit grosser Mehrheit überwies der Ständerat die Motion HOFMANN in der Wintersession 2000. Dagegen lehnte der Nationalrat in Übereinstimmung mit dem Bundesrat die Motion im Herbst 2001 mit einem Zufallsmehr von 80 zu 78 Stimmen ab.

Angesichts der knappen Ablehnung reichte Ständerat Hofmann im Sommer 2002 erneut einen Vorstoss ein, diesmal in der Form einer parlamentarischen Initiative. Die fertig ausformulierte parlamentarische Initiative hat für den Bundesrat einen stärker bindenden Charakter als die Motion. Sie läuft unter dem Titel «Vereinfachung der Umweltverträglichkeitsprüfung sowie Verhinderung von Missbräuchen durch Präzisierung des Verbandsbeschwerderechtes» und entspricht in der Zielrichtung und in den einzelnen Modifikationsvorschlägen der Motion aus dem Jahre 2000. In der Sommersession der Eidgenössischen Räte unterstützte der Ständerat oppositionslos die Initiative. Die zuständige Kommission des Ständerats hat nun die Aufgabe, eine entsprechende Gesetzesvorlage auszuarbeiten.

Parlamentarische Vorstösse zur Einschränkung des Verbandsbeschwerderechts leiden unter einem Handicap, weil Debatten um den Umwelt- und Naturschutz moralisch belastet sind. Wer sich die Sorge um die Umwelt zuschreibt, gilt als moralisch auf höherem Stand agierend. Unter solchen Bedingungen herrscht ein gewisser Gesinnungszwang, der den politischen Opportunismus fördert. Kritiker der Verbandsbeschwerde lassen sich in der schlecht informierten Öffentlichkeit leicht pauschal als wenig umweltbewusste Leute etikettieren; eine solche Reputation ist in Politikerkreisen nicht populär.

Verbände unter Druck

Das Verbandsbeschwerderecht ist für die wichtigen und aktiven Verbände in ihrer heutigen Gestalt von grosser Bedeutung. Damit mobilisieren sie, unter Ausschöpfung der Publizitätsmöglichkeiten der heutigen Medienwelt,

Moralisch aufgeladener Umweltdiskurs

Niklas LUHMANN hat in seiner Untersuchung «Ökologische Kommunikation. Kann die moderne Gesellschaft sich auf ökologische Gefährdungen einstellen?» [LUHMANN 1986] festgestellt, die ökologische Kommunikation sei über Angst «moralisch aufgeladen». Angst sei im Kommunikationsprozess nicht zu bestreiten, da man sich Angst selber bescheinigen könne, ohne dass dies durch andere widerlegbar sei. Dies mache Angst attraktiv für die Kommunikation, denn sie widerstehe auch jeder Kritik der reinen Vernunft. «Wenn Angst kommuniziert wird, gewinnt sie eine moralische Existenz. Sie macht es zur Pflicht, sich Sorgen zu machen, und zum Recht, Anteilnahme an Befürchtungen zu erwarten und Massnahmen zur Abwendung der Gefahren zu fordern.» Die Rhetorik der Angst wirke selektiv, indem sie die Entwicklung zum Schlimmeren betone und Fortschritte verschweige. «Wer Angst hat, ist moralisch im Recht, besonders wenn er für andere Angst hat [...]»

Die praktische Bedeutung der LUHMANN'schen Analyse lässt sich tagtäglich in öffentlichen Debatten zu Umweltthemen überprüfen. Sich für andere Sorgen zu machen, dies ist im modernen Wohlfahrtsstaat – nicht nur in der Umweltpolitik – zu einer einträglichen professionalisierten Aktivität geworden. Der politische Widerstand ist in solchen moralisch aufgeladenen Politikbereichen gering, und Debatten entziehen sich der nüchternen Betrachtung. Die Bedeutung der moralischen Tabuisierung für das Risiko falscher Diagnosen und einer darauf beruhenden Fehlausrichtung der praktischen Politik kann kaum überschätzt werden.

Ein eindrückliches Muster einer tabuisierten Debatte im Umweltbereich bot im Februar 2003 der DEUTSCHE BUNDESTAG, als er sich mit der Fortentwicklung des Gesetzes über den Vorrang erneuerbarer Energien befasste. Dazu muss man wissen, dass sich Deutschland rühmt, inzwischen – dank milliardenschweren Subventionen – zum unangefochtenen Windkraft-Weltmeister sowohl bezüglich Technologie wie auch im Betrieb von Windkraftanlagen aufgestiegen zu sein. Die FRANKFURTER ALLGEMEINE ZEITUNG [FAZ vom 3. Februar 2003, S. 4] berichtete über die Debatte im Bundestag, dass der einzige Abgeordnete, der es wagte, mit handfesten Daten auf ein paar fundamentale sachliche Ungereimtheiten der rot-grünen Erfolgsbilanz in Sachen Klimaschutz hinzuweisen, von der eigenen Fraktion (CDU/CSU) ausgebuht wurde. Selbst das wissenschaftlich erhärtete Argument, dass die CO_2-Emissionen viel billiger durch eine Erhöhung der Energieeffizienz in bestehenden Grossanlagen als durch neue Windkraftanlagen vermindert werden könnten, verfing in diesem Konsensklima nicht im Geringsten. Solch politischer Gesinnungskonsens erhält offensichtlich dann zusätzlichen Auftrieb, wenn sich handfeste wirtschaftliche Interessen mit der Chance verbinden, höhere Umweltmoral demonstrieren zu können.

Anhänger und Mitglieder und damit auch materielle und politische Ressourcen. Je nach Vereinszweck haben sich die hauptsächlich beschwerdeführenden Verbände auf gewisse Umweltschutzbereiche spezialisiert, treten aber in bestimmten Fällen auch gemeinsam als Rekurrenten auf. So hat sich die Vereinigung EQUITERRE (ehemals Schweizerische Gesellschaft für Umweltschutz) gegen eigene Einsprachen entschieden und überlässt Beschwerden der PRO NATURA.

Die Vorwirkung der Verbandsbeschwerde bringt es mit sich, dass sich Projektentwickler und Unternehmer einspracheresistent machen müssen, indem sie spezialisierte Planungs- und Rechtskompetenz im Voraus einkaufen. Es findet eine allgemeine Aufrüstung mittels solcher Beraterfirmen statt, und zwar auf Seiten der Projektentwickler, der Behörden und der Umweltverbände. Ausgelöst durch das Verbandsbeschwerderecht, ist so mittlerweile eine politisch einflussreiche staatliche bzw. vom Staat abhängige private Baubewilligungsindustrie entstanden, die aus Eigeninteresse an einer Fortsetzung der bisherigen Verfahren interessiert ist und Richtungskorrekturen grundsätzlicher Art ablehnt. Doch schon die äusserst knappe Ablehnung der Motion HOFMANN im Jahre 2000 gab den Verbänden und den professionell interessierten Anhängern der Verbandsbeschwerde einen deutlichen Fingerzeig: der Einsatz der Verbandsbeschwerde ist politisch eine Gratwanderung. Bei missbräuchlichem Einsatz droht Sanktionierung, bis hin zur Abschaffung des Verbandsbeschwerderechts.

Die Spezialisierung des VCS auf verkehrsintensive Vorhaben in städtischen Zentren und Subzentren hat diesen Verband mittlerweile in den Brennpunkt der Kritik aus Wirtschaftskreisen gerückt. In städtischen Gebieten beeinflusst das Umweltrecht die Entwicklung immer stärker, weil dort Luft- und Lärmgrenzwerte erreicht oder überschritten werden. Davon sind besonders grosse verkehrsintensive Projekte wie Einkaufszentren betroffen. Bei publikumsintensiven Anlagen führt der VCS heute regelmässig seinen «Parkplatzkrieg» gegen die Projektpromotoren. Nicht selten geht es dabei um Projekte von volkswirtschaftlicher bzw. siedlungsplanerischer Bedeutung; so spielte der Kampf um Parkplatzzahlen auch bei den Auseinandersetzungen um das Zürcher Eurogate lange Zeit eine zentrale Rolle. Dieses inzwischen gescheiterte Milliardenprojekt liefert auch das Muster für das Überziehen der Einflussmöglichkeiten durch einen Verband. Das unkooperative Verhalten der Zürcher Sektion des VCS in den Verhandlungen mit den Projektträgern – gegen die rot-grün dominierte Stadtexekutive – wurde in der Öffentlichkeit zum Teil hart kritisiert. Selbst in den Medien, die den Umweltverbänden sonst in der Regel wohlwollend gesinnt sind, waren ungewöhnlich kritische Berichte zu finden.

Unter dem Druck der Kritik am praktischen Einsatz der Verbandsbeschwerde scheint bei den Verbänden seit einiger Zeit eine gewisse Verhaltenskorrektur stattzufinden. Der Evaluationsbericht des BUWAL über das Verbandsbeschwerderecht markierte diesbezüglich eine Wende. Die Massnahmenvorschläge des Berichts sollen offensichtlich das Verbandsbeschwerderecht aus der Schusslinie der Kritik nehmen. Der zentrale Vorschlag betrifft die praktisch unvermeidlich gewordenen Verhandlungen zwischen Verbänden und Projektträgern; diese sollen durch einen zu erarbeitenden Verhaltenskodex effizienter und weniger konfliktanfällig gestaltet werden. Ob allerdings die weich kodifizierten Verhaltensregeln Missbrauch künftig verhindern und die Beziehungen zwischen den Akteuren nachhaltig zu verbessern vermögen, muss sich erst noch erweisen.

Die Umweltverbände reagierten im Februar 2003 gegen die politischen Versuche einer «Demontage» des Verbandsbeschwerderechts mit einer gemeinsamen Medienkonferenz. Dort hoben sie die eigenen Erfolge und den Nutzen der Verbandsbeschwerde für den Vollzug des Umweltrechts

Die 30 beschwerdeberechtigten Organisationen

Organisation	nach USG	nach NHG
Rheinaubund (Schweizerische Arbeitsgemeinschaft für Natur u. Heimat)	x	x
Schweizerische Vereinigung für Landesplanung (VLP)	x	x
WWF Schweiz	x	x
Schweizer Vogelschutz (SVS), Verband für Vogel- und Naturschutz	x	x
Schweizer Heimatschutz (SHS)	x	x
Pro Natura (PN)	x	x
Schweizer Alpen-Club (SAC)	x	x
Schweizerische Gesellschaft für Umweltschutz (SGU)	x	x
Helvetia Nostra	x	x
Schweizerische Vereinigung für Gesundheitstechnik	x	
Schweizerische Liga gegen den Lärm	x	
Stiftung Praktischer Umweltschutz Schweiz (PUSCH)	x	x
Stiftung Landschaftsschutz Schweiz (SL)	x	x
Schweizerische Energie-Stiftung (SES)	x	x
Naturfreunde Schweiz (NFS)	x	x
Verband Schweizer Abwasser- und Gewässerschutzfachleute (VSA)	x	
Aqua Viva (Nationale Aktionsgemeinschaft zum Schutze der Flüsse und Seen)	x	x
Schweizerischer Fischerei-Verband (SFV)	x	x
Schweizerische Verkehrs-Stiftung (SVS)	x	
Verkehrs-Club der Schweiz (VCS)	x	
Schweizer Wanderwege		x
Schweizerische Gesellschaft für Ur- und Frühgeschichte (SGUF)		x
Greenpeace Schweiz	x	x
Pro Campagna, Schweizerische Organisation zur Pflege ländlicher Bau- und Wohnkultur		x
Schweizerische Greina-Stiftung (SGS)	x	x
Dachverband Schweizerischer Jagdverbände (CHJV)	x	x

Organisation	nach USG	nach NHG
Schweizerische Gesellschaft für Höhlenforschung		x
Gesellschaft für Schweizerische Kunstgeschichte (GSK)		x
Ärztinnen und Ärzte für Umweltschutz	x	
Verein Alpeninitiative	x	x

hervor. Aus offensichtlicher Sorge vor anhaltendem politischem Druck gegen die Verbandsbeschwerde kündigten die Verbandsvertreter aber auch Massnahmen zur «Steigerung der Beschwerdequalität» an – ein Hinweis aus unverdächtiger Quelle, dass Defizite bestehen.

Wissenschaftliche Segnung

Auf wissenschaftlicher Ebene stammen die praktisch ausnahmslos positiven Urteile über Einsatz und Wirkungen des Verbandsbeschwerderechts vor allem von juristischer Seite. Diese stützen sich meist auf die stark rechtswissenschaftlich fundierte Evaluationsstudie, die das Genfer Universitätsinstitut CETEL im Auftrag des BUWAL durchgeführt hat. Dieser BUWAL-Bericht hat mittlerweile offiziellen Status; einzelne statistische Aussagen werden regelmässig in politischen Auseinandersetzungen zur Verteidigung des Verbandsbeschwerderechts zitiert, so auch vom Bundesrat. Taktisch geschickt werden immer wieder zwei durch die CETEL-Autoren ermittelte Zahlen in die Debatte geworfen: einerseits der geringe Anteil von Verbandsbeschwerden an der Gesamtheit der Einsprachen als Nachweis eines sehr zurückhaltenden Einsatzes, anderseits die überdurchschnittlich hohe Erfolgsquote der Verbandsbeschwerden vor Gerichten. Diese beiden einfachen Argumente bleiben in den Köpfen hängen, werden aber kaum je hinterfragt, wohl weil sie statistische Glaubwürdigkeit suggerieren.

Der BUWAL-Bericht verleiht dem Verbandsbeschwerderecht den wissenschaftlichen Stempel. Er argumentiert auch mit allgemeinen wohlfahrts- und politisch-ökonomischen Theoriestücken. Er nennt Vollzugsdefizite als Beweis für Markt- und Staatsversagen – genauer Behördenversagen – und als Begründung für die notwendige Vollzugsunterstützung durch das Verbandsbeschwerderecht. Ausgangspunkt der Argumentation ist die akzeptierte umweltökonomische Grundthese, dass (öffentliche) Umweltgüter wie saubere Luft unter Marktbedingungen als eigentumsrechtlich frei verfügbare Güter übernutzt werden. Das Ergebnis ist wegen negativer externer Effekte bzw. Marktversagens gesellschaftlich suboptimal und verlangt nach staatlicher Intervention. Gemäss BUWAL-Autoren seien aber die politischen Akteure in Exekutiven und Behörden im Konflikt zwischen wirtschaftlichen Sonderinteressen und langfristigen öffentlichen Schutzinteressen zugunsten der Ersteren eingenommen und vermöchten das Marktversagen nicht zu beseitigen. Um diese «strukturelle Unterlegenheit» der öffentlichen Schutzinteressen auszugleichen, brauche es deshalb für den gesetzeskonformen Rechtsvollzug zusätzliche Advokaten der Schutzinteressen.

Diese vollzugskontrollierende Rolle übernehmen nun Organisationen des Umwelt-, Natur- und Heimatschutzes, indem sie mit den rechtlichen Mitteln der Verbandsbeschwerde ausgestattet werden. Dadurch verschieben sich die Machtbeziehungen unter den beteiligten Akteuren, und es bilden sich neue Interessenverbindungen, so besonders auch zwischen Umweltbehörden und Schutzverbänden – dies in Erwartung eines verbesserten Vollzugs. Ob allerdings das Ausmass der Machtverschiebung gesellschaftlich optimal ist, lässt sich mithilfe allgemeiner Theorieanleihen aus der Ökonomie nicht schlüssig beantworten. Die richtige Dosierung staatlicher Eingriffe in das Wirtschaftssystem gehört zu den schwierigsten Aufgaben der Politik. Während Interessengruppen wie die Umweltverbände eindimensional auf politische Maximierung ihrer Ziele drängen, hat die Politik die Aufgabe, im Widerstreit der gesellschaftlichen Ziele und Interessen ein Optimum zu finden.

Für eine erweiterte Perspektive

Das Verbandsbeschwerderecht steht bezüglich Ausgestaltung und Dosierung unter permanentem Legitimationsdruck. Wie aufgrund polit-ökonomischer Erkenntnisse über die staatliche Regulierungsdynamik nicht anders zu erwarten war, hat der Interventionsgrad im Vollzug des Umweltrechts in verschiedensten Dimensionen zugenommen: durch Konkretisierung und Verschärfung des materiellen Umweltrechts bis ins kleinste Detail, verschärfte Vollzugspraxis auf Verwaltungsebene, zunehmende Formalisierung der Rechtsprechung, professionalisierte Verbandseinsprachen oder durch die Neuaufnahme von Verbänden ins Kartell der beschwerdeberechtigten Organisationen.

Wie die meisten staatlichen Massnahmen und Programme unterliegt auch das Verbandsbeschwerderecht im Zusammenwirken mit dem materiellen Umweltrecht dem unvermeidlichen «Gesetz der unbeabsichtigten Wirkungen». Die Verbandsbeschwerde entfaltet ihren Einfluss in einem Bereich staatlichen Handelns, der sich durch besonders hohe Komplexität der Wirkungsbeziehungen auszeichnet. Dabei steht der Wunsch nach Anwendungsregeln für den Einzelfall im latenten Widerspruch zur notwendigen Gesamtsicht der Wirkungen in einem grösseren Systemzusammenhang. Praktische Fälle lassen vermuten, dass das Verbandsbeschwerderecht in der heutigen Ausgestaltung in verschiedener Hinsicht überschiesst, in seinen (Neben-)Wirkungen nicht durchwegs den ursprünglichen Absichten des Gesetzgebers entspricht und die Schutzziele nicht oder nur ineffizient, d.h. zu hohen volkswirtschaftlichen Kosten erreicht.

Ein wissenschaftlich fundiertes Forschungsprojekt, das für das Verbandsbeschwerderecht eine globale Folgenabschätzung anstrebt, müsste empirisch ausgerichtet sein, d.h. eine Auswertung einer möglichst grossen und repräsentativen Zahl von grösseren und kleineren Fällen beinhalten. Daraus wären einerseits die ökologischen Gewinne (oder Verluste) aus dem Einfluss der Verbandsbeschwerden sowie die volkswirtschaftlichen Wirkungen abzuschätzen. Dabei wären aber auch und vor allem die präventiven Wirkungen der Verbandsbeschwerde einzubeziehen. Es ist offensichtlich, dass ein solch umfassendes Forschungsprojekt methodisch und datentechnisch enorme Schwierigkeiten bereitet.

Es besteht keine systematische Datenerhebung bei Verbänden betroffener Branchen. Schon die faktengenaue Dokumentierung einzelner Fälle ist mit grossem Aufwand verbunden. Somit wäre eine ausgedehnte Befragung von Bauherrschaften über die quantifizierten Folgen von Verbandsinterventionen notwendig. Ebenso müssten von Behörden und Verbänden Informationen darüber eingeholt werden, welche Wirkungen aus ökologischer Sicht dem Beschwerderecht der Verbände zuzuschreiben sind. Die Gegenüberstellung der wirtschaftlichen und der ökologischen Effekte hätte schliesslich noch die Hürde der Vergleichbarkeit zu nehmen, was eine einheitliche Dimension der Bewertung voraussetzt. Die analytischen Probleme werden dadurch verschärft, dass der Einfluss des Verbandsbeschwerderechts selten eindeutig von anderen möglichen Einflüssen auf Projekte und Bewilligungsverfahren zu isolieren ist. Für einen Vergleich zur Folgenabschätzung müsste man sich zudem auch einen simulierten Zustand ohne Verbandsbeschwerden vorstellen, dessen Definition mit grosser Unsicherheit behaftet ist. Wie würden sich die Behörden von Amtes wegen in Bewilligungsverfahren verhalten? Und welchen Einfluss hätten dann Einzeleinsprachen?

Unter den heutigen Umständen kann deshalb die Problematik des Verbandsbeschwerderechts nur mithilfe der Fallstudienmethode dargestellt werden.

So steht eine Reihe von neun Fallstudien im Zentrum dieser Untersuchung. Selbstverständlich können die betrachteten Fälle nicht als Stichprobe im statistischen Sinn gelten. Vielmehr handelt es sich bei der Fallsammlung um das Resultat eines nicht immer ganz hindernisfreien Such- und Dokumentationsprozesses. Damit eine Analyse einzelner Fallstudien jedoch mehr wird als ein anekdotischer Kontrapunkt zur BUWAL-Evaluation, braucht es Bezüge zu theoretischen Konzepten und Überlegungen. Abweichende Interpretationen und neue Einsichten ergeben sich im Kontrast zum juristisch geprägten BUWAL-Bericht allein dadurch, dass wesentliche Themen aus einer primär politisch-ökonomischen Perspektive betrachtet werden.

Diese Untersuchung hat zum Ziel,
- die rechtlichen und politischen Rahmenbedingungen, in denen die Verbandsbeschwerde ihre Wirkung entfaltet, zu beleuchten, um die Schwierigkeiten einer rationalen Umweltpolitik aufzuzeigen;
- die wichtigsten Aussagen der BUWAL-Evaluation des Verbandsbeschwerderechts kritisch zu würdigen und ergänzend zu kommentieren;
- anhand der präsentierten Fallgeschichten typische wiederkehrende Kernprobleme und vernachlässigte Aspekte des Einsatzes und der Wirkungen der Verbandsbeschwerde aufzuzeigen;
- gestützt darauf, die Kernprobleme der Verbandsbeschwerde vertieft zu analysieren und konkrete Anregungen für politische Reformen zu vermitteln.

Dieser Bericht ist kein Plädoyer gegen eine wirksame Umweltpolitik, ganz im Gegenteil. Wenn in der Folge die Fehlwirkungen einer teilweise fragwürdig angelegten Konzeption im Umweltrecht und dessen Vollzug aufgezeigt werden, geschieht dies gerade in Sorge um die mangelnde Wirksamkeit heutiger Programme und Massnahmen. Schweizerische Politik neigt traditionell zu administrativ-formalistischen Lösungen und detailverliebter bürokratischer Perfektion. Beides verträgt sich schlecht mit einer ökonomisch inspirierten

Umweltpolitik, die primär auf breit wirksame (wirtschaftliche) Anreize über geeignete Rahmenbedingungen statt auf Ad-hoc-Interventionen durch Einsprachen gegen Einzelobjekte baut. Dass eine solche Politik der Rahmenbedingungen Früchte trägt, zeigt etwa ganz klar die seit Jahren anhaltende und grossräumige Verbesserung der Luftqualität, die in der Schweiz in den NABEL-Messungen des BUWAL über längere Zeiträume eindrucksvoll dokumentiert ist. Man kann ohne Risiko feststellen, dass dieser ökologische Fortschritt mit dem hierzulande notorischen Verbandskrieg gegen jeden Parkplatz praktisch rein gar nichts, mit der Setzung von flächendeckenden allgemeinen Vorschriften, z.B. für abgasarme Autos, jedoch sehr viel zu tun hat.

02 /

BUWAL: BERICHTE IN EIGENER SACHE

Evaluation des Verbandsbeschwerderechts

Die Autoren der BUWAL-Evaluation über Einsatz und Wirkungen des Verbandsbeschwerderechts [Kurzfassung in Deutsch: BUWAL 2000a] betonen einleitend, dass sich ihre Untersuchung auftragsgemäss nur auf die Beurteilung der Wirkungen auf den Vollzug von bestehendem Umweltrecht bezieht und nicht auf die Frage, ob dieses Umweltrecht bzw. sein Vollzug im Endeffekt auch tatsächlich ökologisch zielkonform wirkt. Damit sprechen die BUWAL-Autoren den Systemcharakter von Rechtsinstrumenten an und verweisen auf die notwendige Rückkoppelung zwischen Rechtssetzung und Rechtspraxis.

Wirksamer Vollzug ist zwar gut für das Vertrauen in den Rechtsstaat, aber nicht unbedingt für die Umwelt oder für die Volkswirtschaft. Komplexe Rechtssysteme sind hierarchisch aufgebaut; bestehen in übergeordneten Systemteilen Mängel, kann perfektionierter Vollzug selbst zu einem Umweltrisiko werden, etwa wenn Neben- und Folgewirkungen ausgeblendet bleiben. Es ist in der Tat unwahrscheinlich, dass die konkreten Wirkungen des komplexen Systems Umweltrecht von den Schöpfern der betreffenden Gesetze und Verordnungen korrekt vorauszusehen waren. Verständnis für diese Problematik spricht auch aus den Worten des Leiters der Abteilung Recht des BUWAL, Christoph ZÄCH: «*Die Komplexität der Materie Umweltschutz führt manchmal zu komplexen Regelungen. Dies ist denn Ansporn für die Rechtssetzung, weiterhin mit starkem Engagement für die Optimierung der Regelungen zu sorgen*» [BUWAL 2000b]. Die möglichen Ergebnisvarianten des Systems Umweltrecht lassen sich schematisch in einer Matrix darstellen.

Vollzug von Umweltrecht: Ergebnisvarianten

	VOLLZUGSQUALITÄT	
MATERIELLES RECHT	GUT	SCHLECHT
ZIELKONFORM	optimal	suboptimal
NICHT ZIELKONFORM	schlecht	nicht prognostizierbar
UNSICHER	nicht prognostizierbar	nicht prognostizierbar

Juristisches Denken und Handeln vertraut zudem stark auf die Gestaltbarkeit sozialer Prozesse. Gerade im Umweltbereich mit seinen schwer fassbaren Wirkungsbeziehungen ist ein zu optimistisches Bild von der Wirkung politischer Massnahmen nicht angezeigt. Die wichtigsten Ergebnisse des BUWAL-Berichts lassen sich mit sozialwissenschaftlicher Skepsis deshalb auch abweichend von den Folgerungen der Berichtsautoren interpretieren.

Selektive Datenbasis

Im BUWAL-Bericht folgt auf die einführende Behandlung der rechtswissenschaftlichen Fundierung des Verbandsbeschwerderechts ein ausführlicher empirischer Teil mit Ergebnissen und Interpretationen aufgrund von drei Ansätzen:

- Statistiken über Beschwerden und Einsprachen
- zehn Fallstudien
- Interviews mit Hauptakteuren (Umweltverbände, Promotoren, Behörden).

Beim statistischen Material über Beschwerden und Einsprachen handelt es sich um tabellarische Darstellungen mit Prozentauswertungen über Gerichtsfälle. Konkrete Hinweise auf eine Gewichtung der gezählten Fälle fehlen. Da aus erhebungstechnischen Gründen nur die kleine Minderheit der gerichtlich oder behördlich abgeurteilten Fälle auf der Ebene Bund gezählt wurden, entsteht der Eindruck einer «Eisberg-Sicht», bei der viele untere Schichten im Bereich der sehr bedeutsamen Präventivwirkung des Verbandsbeschwerderechts unsichtbar bleiben. Die Perspektive ist dadurch äusserst beschränkt.

Auffallend an der BUWAL-Studie ist auch das Fehlen von Quantifizierungsversuchen in der Dimension ökonomisch verstandener sozialer Kosten. Die richterliche Güterabwägung bei Konflikten auf Ebene des Verfassungsrechts müsste ja zumindest in einzelnen zu entscheidenden Fällen solche Analysen zu Hilfe nehmen, will man nicht Gefahr laufen, dass unter dem Diktat des konstitutionell verankerten Präventionsprinzips im Umweltschutz so genannt ideelle öffentliche Interessen stets über die materiell motivierten privaten, die nicht selten auch öffentliche Interessen sind, gesetzt werden.

Die Auswahl der zehn Fallstudien wird im BUWAL-Bericht begründet, bleibt aber arbiträr. Die heute dominierenden Fälle in städtischen Zentren sind untervertreten. Die Darstellung der Fälle ist rein beschreibend, ohne dass eine Wertung durch Einbettung in ein Interpretationskonzept stattfindet.

Problematische Auftragspraxis

Im personell stark verflochtenen Versorgungs- und Umverteilungsstaat Schweiz besteht ein allgemeines Problem der Expertenbefangenheit. Weil viele Menschen, Gruppen und Organisationen vom Staat direkt oder indirekt zumindest teilweise abhängen, würde der Ausschluss von Evaluationsexperten wegen prinzipieller Befangenheit die Auswahl enorm einschränken. So lässt sich der Staat durch bloss formal unabhängige «Staatsexperten» gleichsam selbst beurteilen. Eine der Folgen ist die starke Neigung zur Rechtfertigung etablierter Programme, Strukturen und Arrangements.

Ein spezielles Befangenheitsproblem, gerade bei der Evaluation des Verbandsbeschwerderechts, entsteht daraus, dass der Bundesrat ausgerechnet das BUWAL mit solchen Untersuchungen beauftragt. Das BUWAL vergab dann zwar im Fall der Verbandsbeschwerde die Durchführung der eigentlichen Evaluation an das Genfer Universitätsinstitut CETEL. Doch ist es bekanntlich selbst für absolut integre Wissenschafter schwierig, die Anliegen des Auftraggebers nicht in irgendeiner Weise zu antizipieren. Logischer Auftraggeber für Gesetzesevaluationen im Umweltbereich scheint aber für Bundesrat und Parlament weiterhin das BUWAL zu sein. So läuft auch die aktuelle Evaluation der Umweltverträglichkeitsprüfung unter der Ägide des BUWAL. Dasselbe gilt für das Projekt des «Ehrenkodex» für Verhandlungen.

Diese Auftragspraxis ist aus prinzipiellen Gründen in Frage zu stellen, ist doch das BUWAL in Bezug auf die Umweltpolitik keine unabhängige Verwaltungsinstanz. Das BUWAL leidet unter einer missionsbedingten ökologischen Befangenheit, produziert mit grossem wissenschaftlichem Daten- und Analyseaufwand und professioneller Öffentlichkeitsarbeit objektivierte Einseitigkeit und engagiert sich für eine extreme und risikofeindliche Auslegung des Vorsorge- und Vermeidungsprinzips. Heikle Entscheidungen in jüngerer Zeit haben dies wiederholt konkret illustriert, z.B. der ewige Fall des Freisetzungsgesuchs mit gentechnisch verändertem Weizen der ETH Zürich oder der Erlass von weltrekordverdächtig niedrigen NIS-Strahlungsgrenzwerten für die Infrastruktur der Mobiltelefonie. Das Befangenheitsrisiko liesse sich deutlich vermindern, wenn umweltpolitische Gesetzesevaluationen von einer in der Sache möglichst unabhängigen Bundesstelle vergeben würden. Damit würde gleichzeitig die allerdings beträchtlich geringere Gefahr ausgeschaltet, dass das BUWAL als Auftraggeber quasi in der Gegenrichtung überkompensiert, um Vorwürfe der Befangenheit zum Vornherein zu vermeiden.

Ein weiterer Befangenheitsvorbehalt ist angebracht. In der Politik herrschen, im Trend der Verrechtlichung der Gesellschaftsbeziehungen, immer mehr juristische Denkweisen. Wenn Gesetzesevaluationen schliesslich auch noch unter Federführung von Rechtswissenschaftern ablaufen, wie beim BUWAL-Bericht, droht Kriterieninzucht mit selbstbezüglichen Begründungen.

Die ausführlichen Interviewauswertungen sind trotz der grossen Zahl der Auskünfte und Quellen vor allem anekdotischer Natur mit einzelnen interessanten Hinweisen.

BUWAL-Argument 1: Verbesserung des Rechtsvollzugs

Der BUWAL-Bericht kommt zum Schluss, dass das Verbandsbeschwerderecht den Vollzug des Umweltrechts insgesamt verbessert und dass das Verbandsbeschwerderecht dies auf effizientere Weise tut als alternative Regelungen, z.B. staatlich-behördliche Lösungen. Sollte das übergeordnete Umweltrecht in seinen Wirkungen nicht befriedigen, sei dieses zu modifizieren, nicht das Verbandsbeschwerderecht als positive Vollzugsmassnahme. Die BUWAL-Berichtsautoren anerkennen jedoch gewisse Schwachstellen und machen diverse Vorschläge für Verbesserungen. Im Zentrum steht die Empfehlung, für die Teilnehmer in konfliktuellen Verhandlungen einen «Ehrenkodex» einzuführen, in den grosse Hoffnungen gesetzt werden, künftig Missbräuche zu vermeiden.

Die zusammenfassende Wertung, das Verbandsbeschwerderecht sei ein wirksames und kostengünstiges Vollzugsinstrument, folgt aus dem erwähnten begrenzten Untersuchungsansatz. In Übereinstimmung mit diesem Ansatz beschränken sich die BUWAL-Autoren in ihren Aussagen über Kosten auf ein enges Kostenkonzept. Darin fehlen insbesondere die indirekten volkswirtschaftlich gewichtigen Aspekte der Präventivwirkung der Verbandsbeschwerde, nämlich Wohlfahrtseinbussen aus suboptimalen Projekten, Verzögerungen und Verhinderungen, obwohl hier die bedeutendsten Folgen des Verbandsbeschwerderechts liegen.

BUWAL-Argument 2: Zurückhaltender Einsatz der Verbandsbeschwerde

Der BUWAL-Bericht schliesst aus den selbst ermittelten Statistiken über gerichtliche Beschwerdefälle, die Verbände seien sehr zurückhaltend im Einsatz der Verbandsbeschwerde. Er argumentiert mit einer Prozentverhältniszahl: Danach sind in den Jahren 1996 bis 1998 bloss 1 Prozent der vom Bundesgericht behandelten Verwaltungsgerichtsbeschwerden und nur 5 bis 8 Prozent der Einsprachen in den Kantonen von Umweltverbänden eingereicht worden – also ein Bruchteil aller Streitfälle. Der überwiegende Teil der Beschwerden stammt von Privaten, Gemeinden und Kantonen.

Diese Zahlen können die behauptete Zurückhaltung der Verbände nicht schlüssig beweisen. Erstens beziehen sich die Prozentzahlen auf eine zu grosse Gesamtheit von Fällen. Im Gegensatz zu Privatpersonen steht den Verbänden das Beschwerderecht nur für bestimmte, meist grössere Projekte zu. In vielen – vor allem kleineren – von Privaten ausgelösten Streitfällen sind die Verbände gar nicht beschwerdeberechtigt. Dies führt direkt zur zweiten Verzerrung: der fehlenden Gewichtung der Fälle nach ihrer Grösse und Bedeutung; Verbände beschäftigen sich bekanntlich primär mit volkswirtschaftlich gewichtigen Vorhaben. Und was sich – drittens – in den zitierten Verhältniszahlen abbildet, ist die einfache Tatsache, dass es bloss 30 formell und vielleicht maximal 10 aktiv beschwerdeführende Organisationen gibt, dagegen forensisch durchaus relevante sechs Millionen Privatleute und mehrere Hunderttausend juristische Personen. Zudem verschleiert die prozentuale Durchschnittszahl, dass es zwischen den Verbänden in der Beschwerdeaktivität beträchtliche Unterschiede gibt, so dass die vermittelte «Wahrheit» der statistisch korrekten, aber wenig informativen Aussage ähnelt, Grossmutter und Enkel seien im Durchschnitt 40 Jahre alt. Hier haben die Autoren des BUWAL-Berichts einzelne an sich richtig ermittelte Zahlenwerte in einen zweifelhaften Zusammenhang gesetzt und so zu einer Verhältniszahl mit beschränktem Aussagewert aufbereitet.

Selbst wenn man auf der Ebene konkreter Gerichtsverfahren eine Zurückhaltung der Verbände feststellen möchte, ist eine solche Auslegung zu ergänzen: in der behaupteten Zurückhaltung reflektiert sich die bedeutende Präventivwirkung des Verbandsbeschwerderechts, die zu erwarten war und die aus anderen Politikbereichen bekannt ist, etwa beim fakultativen Referendum. Das Drohpotenzial der Verbandsbeschwerde verleiht Verbänden so viel Verhandlungsmacht, dass in der Mehrzahl der Fälle formelle Klagen unnötig werden.

BUWAL-Argument 3: Hohe Erfolgsquote der Verbände vor Gericht

Der BUWAL-Bericht berechnet aus den erhobenen Zahlen eine im Vergleich zu privaten Einsprachen rund dreimal höhere Erfolgsquote der Verbandsbeschwerden vor den Gerichten. Im Durchschnitt würden über 60 Prozent der Verbandsbeschwerden von den Gerichten gutgeheissen, und dies beweise die Substanz und die Berechtigung des Verbandsbeschwerderechts.

Hier wird Ungleiches verglichen, da Verbände und Private aus ganz unterschiedlichen Positionen, mit teilweise anderen Motiven und in Bezug auf eine aus rechtlichen Gründen verschiedene Grundgesamtheit von Projekten Beschwerde einreichen (können). Blendet man dies in der Interpretation aus, drohen Fehlschlüsse.

Eine relativ höhere Erfolgsquote von Verbänden ist zudem aufgrund der «Public Choice»-Forschung in der Tendenz voraussehbar und somit wenig überraschend: gut und permanent organisierte, professionalisierte Gruppen mit klar definierten Zielen vermögen ihre Anliegen im politischen Prozess besser zu vertreten und durchzusetzen als einzelne Bürger oder Ad-hoc-Gruppierungen. Dazu bietet die schweizerische Verbandsdemokratie praktischen Anschauungsunterricht im Überfluss. Auch gilt im professionalisierten Umfeld der beschwerdeaktiven Verbandsfunktionäre die Aussage aus dem «Fachbericht zu den Verhandlungsempfehlungen» ganz besonders: *«Wer seiner Rechte sicher ist, wird auf hierarchische Verfahren setzen»* [IDHEAP 2002]. Mit anderen Worten: Verbände wählen den Rechtsweg, wenn die Erfolgsaussichten gut sind.

BUWAL-Argument 4: Geringe Belastung der Gerichte durch Verbandsbeschwerden

Der BUWAL-Bericht betont mehrfach, die (zurückhaltende) Ausübung des Beschwerderechts durch die Verbände über Gerichtsverfahren könne nicht die Ursache der Überlastung der Gerichte sein, da Einsprachen von Privaten ungleich häufiger seien.

Dieses Argument verfehlt den entscheidenden Punkt. Die Überlastung der Gerichte ist eine bekannte und, trotz Massnahmen zur Verfahrensvereinfachung, kaum je wirklich zu beseitigende Tatsache. Kritisch ist dieser Zustand, weil er das Verzögerungs- und Kostenrisiko von Projekten ganz beträchtlich erhöht und damit zwingend auch das Druckpotenzial der beschwerdeberechtigten Organisationen. Beim gescheiterten Eurogate-Grossprojekt (Zürich) hatten die Promotoren trotz guten Erfolgschancen gegen die VCS-Beschwerde aus Zeit- und Kostengründen auf den Rechtsweg verzichtet, weil die Terminzwänge des komplexen Projekts keine zeitlichen Unwägbarkeiten zuliessen. Würde die Legislative bei Gesetzeserlassen jeweils rational abwägen, hätte sie die Wirkung der Verbandsbeschwerde unter der allein realistischen Annahme chronisch überlasteter Gerichte zu beurteilen und nicht unter der illusionären Vorstellung einer wie geölt laufenden Gerichtsmaschinerie.

BUWAL-Argument 5: Gegengewicht zu befangenen Behörden

Der BUWAL-Bericht bezeichnet das Verbandsbeschwerderecht als notwendiges Korrektiv zu der quasi natürlichen Befangenheit kantonaler und kommunaler Behörden. Der Bericht deutet an, in gewissen Regionen sei die Befangenheit von Politik und Behörden bei der Bewilligung von grossen Bauprojekten geradezu notorisch.

Diese Behauptung ist schwer zu belegen; die Befangenheit dürfte durch wachsende Verrechtlichung (u.a. auch die Reform öffentlicher Ausschreibungen) stark abgenommen haben. Ausserdem ist es nicht zulässig, diese Wertung unbesehen auf die städtischen Regionen der Schweiz zu übertragen, wo das Verbandsbeschwerderecht mittlerweile die grösste Wirkung entfaltet. In den städtischen Zentren ist im Gegenteil eine zunehmende Harmonisierung der Interessen von beschwerdeberechtigten Verbänden und Ämtern zu beobachten. Hier und viel weniger in Randregionen ist die Verhandlungsmacht von Verbänden volkswirtschaftlich relevant.

BUWAL-Argument 6: Anreiz zu Verhandlungslösungen

Der BUWAL-Bericht lobt die Präventivwirkung des Beschwerderechts und wertet den Anreiz zu Verhandlungen als kostengünstigen Vollzug. Nicht zuletzt aus der Unbestimmtheit des Rechts leiten die CETEL-Autoren die Vorteilhaftigkeit und Wünschbarkeit von Verhandlungslösungen ab, auch zur Entlastung überforderter Gerichte. «Mediation» – eine neuere und höhere Form von Verhandlungen unter Beizug einer neutralen Drittperson (Mediator) – wird als moderne und kostengünstige Form der Konfliktlösung, als positives Beispiel einer Privatisierung des Rechtsvollzugs, dargestellt.

Hinter der geradezu libertär klingenden verbalen Fassade «Privatisierung des Rechtsvollzugs» verbergen sich gewichtige Probleme, beispielsweise dass grundlegende Rechtsprinzipien wie die Gleichheit vor dem Gesetz durch Machtbeziehungen in Frage gestellt werden. Die Präventivwirkung der Verbandsbeschwerde wird von Vertretern der Wirtschaft als System einer quasi erpresserischen Verhandlung empfunden – als ein Spiel, in dem die Karten ungleich verteilt sind. Tatsächlich können Bauherren wegen der Rechtsunsicherheit, die für das Umweltrecht typisch ist und die auch von den BUWAL-Autoren ausdrücklich als Unbestimmtheit des Rechts thematisiert wird, die Zeit- und Kostenfolgen von Rechtsverfahren nicht abschätzen und lassen sich in Verhandlungen möglicherweise zu gesamtgesellschaftlich überschiessenden Konzessionen zwingen.

Fundierte Hinweise für ein Überschiessen finden sich im IDHEAP-Fachbericht zu den Verhandlungsempfehlungen für das laufende BUWAL-Projekt einer Verhandlungscharta. Offenbar streben die Verbände über Verhandlungen Lösungen an, die über das gesetzlich Gebotene hinausgehen. Gemäss IDHEAP *«[...] haben viele empirische Studien gezeigt, dass im Prinzip die Vertragsoption bei den Umweltorganisationen zunehmend auf Zustimmung stösst, sofern auf diese Weise strengere Umweltauflagen durchsetzbar sind als diejenigen, die in den jeweils gültigen Gesetzen figurieren oder von der Vollzugspraxis der Leitbehörde gemeinhin gefordert werden»* [IDHEAP 2002, S. 42]. Trifft dies zu, würde das bedeuten, dass die Verbände in bestimmten Fällen durch Verhandlungen mehr erwarten als von rechtlich formalen Bewilligungsverfahren. Spinnt man diesen Gedanken etwas weiter und betrachtet die Sache aus Sicht der Gegenseite, gelangt man zur Frage, was denn Projektträger in Verhandlungen zu umweltrechtlich überschiessenden Konzessionen treiben könnte, wenn doch in formalen Verfahren die eigenen Anliegen besser zum Zuge kämen. Die Antwort liegt auf der Hand: Die erwarteten Vorteile der Vermeidung langwieriger und unsicherer Rechtsverfahren überwiegen die prognostizierten Nachteile von Verhandlungslösungen.

Der BUWAL-Bericht preist den Interessenausgleich durch Verhandlungen zudem als «typisch schweizerische Lösung» von Konflikten und stellt damit diesen Aspekt über die Frage der gesetzlichen und demokratischen Legitimation.

Politische Traditionen als rechtliches Argument sind unter Vertretern des Rechts bis hin zum Bundesgericht populär, haben jedoch etwas Tautologisches, denn eine Tradition kommt auch als mögliche Problemursache in Frage. Das Ritual der Konsensfindung droht mehr Gewicht zu erhalten als die Frage, ob auch volkswirtschaftlich gute Lösungen erzielt werden, die den Präferenzen der betroffenen Bevölkerung und dem Willen ihres Gesetzgebers entsprechen.

BUWAL-Argument 7: Kostentragpflicht untergräbt Verbandsbeschwerderecht

Zum umstrittenen Thema der Überbindung von Verfahrenskosten an die Verbände übernimmt der BUWAL-Bericht praktisch vorbehaltlos die Argumentation der Verbände, ohne dass das konkrete Ausmass von möglichen finanziellen Konsequenzen oder Sanktionen vertieft erörtert wird. Die Verbände lehnen eine Kostenbeteiligung mit der Begründung ab, eine stärkere Überbindung von Rechtskosten, wie von Kritikern zur Bekämpfung des Missbrauchs des Beschwerderechts gefordert, käme einer Abschaffung des Verbandsbeschwerderechts gleich. Zudem handelten sie zugunsten eines wirksamen Rechtsvollzugs und nähmen damit Aufgaben im öffentlichen Interesse wahr. Die BUWAL-Autoren zitieren Aussagen von Verbandsvertretern, die den Eindruck stützen, erst das Verbandsklagerecht sichere den Organisationen ihre heutige Existenz (durch Legitimation und Ressourcen). Die notwendige Bedingung dafür bildet aber die Befreiung von finanziellen Beschwerdefolgen wie einer Kostenbeteiligung, Kautionen oder Sanktionen bei erfolglosen Beschwerden.

Eine prinzipielle gänzliche Kostenbefreiung der Verbände ist nicht angezeigt. Das Bundesgericht vertrat bezüglich Kostenüberbindung in mindestens zwei Beschwerdeverfahren (Richti Wallisellen und Kreuzplatz Zürich) eine differenziertere Sicht als die BUWAL-Berichtsautoren. Den erfolglos rekurrierenden Verbänden überband das Gericht in beiden Fällen einen Teil der Verfahrenskosten. Das Gericht stellte im Entscheid Richti ausdrücklich fest, dass die Pflicht zur Kostenübernahme den betroffenen Organisationen die Beschwerdeführung weder verunmögliche noch übermässig erschwere, und es verwies dabei auf die Erfahrungen auf Bundesebene und in den Kantonen.

Die Vorstellung mittelloser ideeller Verbände trifft zudem in der Wirklichkeit nicht zu. Oft verfügen diese über Mitgliederbeiträge, Stiftungsdotationen, Legate oder durch die punktuelle Unterstützung verwandter Verbände über beträchtliche Mittel. Die Vereinsbudgets der grossen beschwerdeberechtigten Verbände wie VCS und PRO NATURA erreichen Grössenordnungen von 12 bis 15 Millionen Franken. Der VCS wies schon 1997 über 6 Millionen Franken Personalkosten aus. Im Verhältnis zu diesen Ressourcen nehmen sich die von Gerichten maximal auferlegten Verfahrenskosten von wenigen Tausend Franken äusserst bescheiden aus, und eine disziplinierende Wirkung auf das Beschwerdeverhalten der Verbände ist von einer solchen Kostenüberbindung nicht zu erwarten.

Flankenschutz für die Verbandsbeschwerde

Evaluation der UVP

In Anknüpfung an die in der Motion HOFMANN enthaltene Kritik an der UVP überwies der Nationalrat damals, quasi als Trostpflaster für die unterlegenen Unterzeichner der Motion, ein Postulat, das den Bundesrat verpflichtete,

Ungleiche Opportunitätskosten

Im Engagement von Nichtregierungsorganisationen (NGO) wie den Umweltschutzverbänden spielen in der Regel idealistische, nicht selten auch ideologische Handlungsmotive mit, und so sind für NGO-Akteure niedrige Zeit- und Opportunitätskosten typisch. Wessen Überleben nicht von wirtschaftlichen Zwängen unter Konkurrenzdruck abhängt, sitzt in den meisten Fällen an einem langen Hebel – auch ohne grosse Beschwerdebudgets. Wer wenig zu verlieren hat, kann viel riskieren, vor allem wenn dies auch noch auf Kosten anderer möglich ist.

Berücksichtigt man die unterschiedlichen Opportunitätskosten der Beteiligten, wird das kaum je hinterfragte Argument relativiert, Projektpromotoren mit ihren finanziellen Ressourcen seien a priori stets mächtiger als so genannt ideelle Organisationen. Aus dieser schiefen Perspektive übersieht man einen entscheidenden Punkt. Die grossen wirtschaftlichen Nachteile von Projektverzögerungen und -verhinderungen machen Projektträger anfällig für Druck, Verhandlungskompromisse und Konzessionen. Projektentwickler eines 100-Millionen-Projekts sind nicht wegen solcher Summen mächtig, sondern im Gegenteil stark empfindlich und erpressbar. Denn eine jährlich wiederkehrende Zusatzbelastung eines solchen Projekts aufgrund von Einsprachen von nur einigen hunderttausend Franken kann das ganze Vorhaben unrentabel machen. Je höher der Einsatz, desto grösser die Verhandlungsmacht der Verbände, weil für diese die Kosten- und Einsatzrisiken nur sehr begrenzt von der Projektgrösse abhängen. Ob aus dieser ungleichen Konstellation der Einsätze im Abtausch von Umweltgütern gegen wirtschaftliche Güter jeweils gesellschaftlich optimale Lösungen resultieren, ist stark zu bezweifeln.

die Wirkungen der UVP zu evaluieren. Danach ist dem Parlament innert zwei Jahren Bericht zu erstatten über die Auswirkungen der UVP auf den Vollzug der Umweltschutzvorschriften und die Bewilligungsverfahren sowie über entsprechende zielführende Verbesserungsmassnahmen, einschliesslich allfälliger notwendiger Gesetzesänderungen. Da der Einsatz der Verbandsbeschwerde an die UVP-Pflicht gekoppelt ist, kommt den Ergebnissen der UVP-Evaluation beträchtliche politische Bedeutung zu.

Mit der Durchführung der Evaluation betraute der Bundesrat erneut das BUWAL. Und wiederum ist die Direktion des nicht ganz unbefangenen BUWAL

Auftraggeberin des Mandates. Die Untersuchung wird durch eine Arbeitsgemeinschaft aus drei auf Politikevaluationen spezialisierte Büros (VATTER, Bern; SYNERGO, Zürich; INFRAS, Zürich) durchgeführt. Der Schlussbericht soll im Sommer 2003 vorliegen. Die Ergebnisse werden in der Antwort auf das Postulat voraussichtlich im November 2003 dargelegt werden. Es ist vorgesehen, den Forschungsbericht etwa im Frühling 2004 zu publizieren.

Verhandlungscharta als «Ehrenkodex»

Ein vom Nationalrat im Jahre 2000 überwiesenes Postulat verpflichtete den Bundesrat zu prüfen, durch welche Massnahmen die Schaffung einer Verhandlungscharta als Ehrenkodex für Gesuchsteller und für beschwerdeberechtigte Umweltschutzorganisationen gefördert werden kann. Der Vorschlag für eine solche Verhandlungscharta ist als Empfehlung im BUWAL-Bericht enthalten. Der Bundesrat beauftragte das BUWAL mit diesem Projekt; das BUWAL wiederum übertrug die Durchführung externen Fachpersonen unter der Leitung von Peter KNOEPFEL vom INSTITUT DE HAUTES ETUDES EN ADMINISTRATION PUBLIQUE (IDHEAP).

Ziel des Vorhabens ist es, einen Ehrenkodex für das Verhandeln der Akteure in UVP-Verfahren nach dem Vorbild der französischen «Charte de Concertation» zu entwerfen. Dieser Auftrag wird erfüllt durch die Ausarbeitung von Verhandlungsempfehlungen des UVEK. Der Entwurf für die Verhandlungsempfehlungen wurde im Frühjahr 2003 für die Vernehmlassung fertig gestellt. Die Verhandlungscharta besteht nicht aus durchsetzbaren Regeln, sondern aus Empfehlungen und segelt unter dem Begriff *soft law.*

Hinter einer Verhandlungscharta steckt der Gedanke, dass die von Projektträgern oft kritisierten faktischen Zwangsverhandlungen mit Verbänden künftig nach bestimmten Regeln ablaufen sollen. Damit wird angestrebt, die oft schwierigen Verhandlungen zu vereinfachen und zu beschleunigen. So genannte Mediationsverfahren unter Beizug einer neutralen Drittperson werden in (umwelt)politischen Konfliktsituationen heute in Ergänzung zu bestehenden Institutionen vermehrt eingesetzt. Im Begleitschreiben des BUWAL zur Expertenumfrage über den Entwurf für Verhandlungsempfehlungen vom Mai 2002 werden die folgenden Hauptvorteile der Mediation genannt: die Förderung des gegenseitigen Verständnisses dank veränderten Wahrnehmungen und Verhaltensweisen sowie eine Bereicherung des partizipativen Rechtsstaats und der kooperativen Planung.

03 / SCHWEIZER UMWELTSCHUTZ: BÜROKRATISCHE EIGENDYNAMIK

Der Einsatz des Verbandsbeschwerderechts als Kontrollinstrument des Vollzugs muss im grösseren Zusammenhang des gesamten Systems staatlichen Regelns und Handelns im Umweltschutz beurteilt werden. Aus einer solchen Systemsicht erhält die Darstellung des rechtlich-politischen Rahmens besonderes Gewicht. Die Umweltpolitik wäre dann rational, wenn sie ihre Ziele in Übereinstimmung mit einer nachhaltigen Wachstumsstrategie mit dem geringst möglichen Aufwand erreicht. Die Rationalität der realen Umweltpolitik ist aber mehrfach begrenzt. Die Konstruktion «Umweltrecht» ist kein rational durchorganisiertes Gebilde, dessen buchstabengetreuer Vollzug automatisch höhere Umweltqualität garantiert.

Unbestimmtes Umweltrecht

Aus ökonomischer Warte ist das Kernthema des Verbandsbeschwerderechts der Eingriff in private Eigentumsrechte aus einem öffentlichen Interesse. Dabei steht die Politik vor zwei schwierigen Aufgaben: der richtigen Dosierung von Einschränkungen privater Eigentumsrechte einerseits und der Vermeidung von Unsicherheiten durch die unklare Zuteilung von Eigentumsrechten anderseits. Das heutige Umweltrecht bietet dazu keine Patentlösungen – im

Gegenteil: es schafft in seiner Komplexität und Unbestimmtheit besondere Probleme der Konsistenz zwischen Zielen und tatsächlichen Wirkungen des konkreten Vollzugs auf der Ebene der Projektpraxis. Dazu kommen latente Konflikte mit anderen Politikbereichen, z.B. mit der Wirtschaftspolitik oder der Raumplanung.

Der BUWAL-Bericht zum Verbandsbeschwerderecht nennt die grosse Unbestimmtheit des Umweltrechts als besondere Herausforderung für die Umweltpolitik. Die Berichtsautoren weisen darauf hin, dass das Problem der Unsicherheit in der Schweiz seinen Ursprung in der quasiabsoluten Formulierung in der Bundesverfassung habe, die das Vorsorge- oder Vermeidungsprinzip *(principe de prévention)* stipuliere. Zum Vorsorgeprinzip heisst es im BUWAL-Bericht: «*Son potentiel d'exigences est à peu près infini […] En inscrivant dans la Constitution le principe de prévention, l'Assemblée Fédérale a pris le parti de consolider la norme de protection de l'environnement qui contribue le plus à renforcer l'incertitude des décisions*» [BUWAL 2000, S. 219]. Ob allerdings diese Interpretation des gesetzgeberischen Willens zutrifft, bewusst Umweltrecht für Eingriffe ohne Schranken zu schaffen und damit auch das Problem einer grossen Entscheidungsunsicherheit in Kauf zu nehmen, ist mehr als fraglich.

Trotz der oben zitierten Warnung scheinen die Ausführungen der BUWAL-Autoren zum Grundproblem der grossen Rechtsunsicherheit unvollständig. Dass dadurch Gerichtsentscheide zum Umweltrecht besonders schlecht voraussehbar sind, wird im Bericht zwar gesagt; unerwähnt bleibt jedoch, dass dies private und soziale Kosten verursacht, da Unsicherheit in wirtschaftlichen Unternehmungen entweder Fehlentscheidungen begünstigt oder irgendwelche Formen von Versicherungsmassnahmen erfordert.

Angesichts dieser Unbestimmtheit des Rechts steht die Rechtssetzung in der Umweltpolitik vor dem permanenten Dilemma zwischen der Forderung nach eindeutigen und verbindlichen Beurteilungskriterien und der Wünschbarkeit von Ermessensspielraum zur Wahrung der Einzelfallgerechtigkeit im Vollzug. Ein gutes Beispiel für starre Beurteilungskriterien liefert die abstrakte Liste über die UVP-Pflicht im Anhang der UVP-Verordnung. Solche fixen Beurteilungsvorgaben mögen zwar Entscheidungen erleichtern, sind aber eigentlich nur für standardisierbare und klar definierbare Situationen geeignet. Diese Voraussetzung ist aber in vielen Fällen nicht gegeben. So trifft sie etwa bei der kruden UVP-Regel, die für Anlagen mit mehr als 300 Parkplätzen eine UVP erfordert, aus logisch einsichtigen Gründen nicht zu.

Fünfstufige Normenhierarchie

Ein Rechtsvollzug ist nur dann positiv zu werten, wenn der betreffende Bereich staatlichen Handelns von den Oberzielen (Bundesverfassung) über die Zwischenziele (Gesetze, Verordnungen) bis zu den einzelnen Massnahmen (z.B. Massnahmenpläne, Wegleitungen usw.) umfassend und konfliktfrei geregelt ist. Dies ist eine anspruchsvolle Aufgabe, erstreckt sich doch die Wirkungskette von Umweltrecht gemäss USG über nicht weniger als fünf Konkretisierungsstufen. Je nach Betrachtungsweise bezüglich kantonaler und kommunaler Erlasse mit Umweltbedeutung gerät man mit den Konkretisierungsstufen sogar in Zählprobleme, und die Systemhierarchie wird noch komplizierter.

In der Tabelle auf den folgenden Seiten werden, ohne Anspruch auf Vollständigkeit, wichtige Gesetzes- und Verordnungsbestimmungen kommentiert, um das Rationalitätsproblem zu verdeutlichen.

Komplexe Normenhierarchie des Umweltrechts

Regelungswerk / Relevanter Inhalt	Problempunkte
Bundesverfassung BV (Regelungsebene 1) Art. 74	
[1] Der Bund erlässt Vorschriften über den Schutz des Menschen und seiner natürlichen Umwelt vor schädlichen oder lästigen Einwirkungen.	Solche kostenlos erhältlichen deklamatorischen Verfassungsgrundsätze für ein gutes Ziel werden in Volksabstimmungen stets mit überwältigenden Mehrheiten angenommen, in diesem Fall mit 92,7 Prozent (!) Ja-Stimmen.
[2] Er sorgt dafür, dass solche Einwirkungen vermieden werden.	Das Vermeidungsprinzip – absolut verstanden – schliesst die Möglichkeit der Entschädigung von Betroffenen aus und so auch das wirtschaftlich sinnvolle Abwägen nach Kosten-Nutzen-Kriterien.
Die Kosten der Vermeidung und Beseitigung tragen die Verursacher.	Nach Coase ist das Verursacherprinzip nicht so eindeutig definiert, wie dies aus einer technischen Sicht erscheint. Auch ein von Immissionen Betroffener kommt als Verursacher von Externalitäten in Frage.
[3] Für den Vollzug der Vorschriften sind die Kantone zuständig, soweit das Gesetz ihn nicht dem Bund vorbehält.	Kantonsgrenzen sind keine ökologisch sinnvollen Grenzen. Aus rechtlicher Sicht ist prinzipiell zu kritisieren, dass der Vollzugsföderalismus zu uneinheitlicher Umsetzung von Bundesrecht führt. Uneinheitlicher Vollzug kann allerdings auch positiv gesehen werden, wenn der uneinheitliche Vollzug unterschiedliche Bürgerpräferenzen ausdrückt.
Umweltschutzgesetz USG (Regelungsebene 2) Art. 11 Grundsatz	
[1] Luftverunreinigungen, Lärm, Erschütterungen und Strahlen werden durch Massnahmen bei der Quelle begrenzt.	Eine technokratische Sicht des Umweltproblems, die das Feld wirtschaftlich sinnvoller Lösungen einschränkt. Gewichtige Schutzmassnahmen, z.B. gegen Lärm, erfolgen in der Realität zudem oft nicht «bei der Quelle».
[2] Unabhängig von der bestehenden Umweltbelastung sind Emissionen im Rahmen der Vorsorge so weit zu begrenzen, als dies technisch und betrieblich möglich und wirtschaftlich tragbar ist.	Das Vorsorgeprinzip liefert kein Kriterium für die Güterabwägung, d.h. für die gesellschaftliche Tragbarkeit von Massnahmen der Emissionsbegrenzung. Ein Urteil muss bürokratisch oder durch Gerichtsentscheid gefällt werden.
[3] Die Emissionsbegrenzungen werden verschärft, wenn feststeht oder zu erwarten ist, dass die Einwirkungen unter Berücksichtigung der bestehenden Umweltbelastung schädlich oder lästig werden.	Das Ausmass der möglichen Verschärfung ist durch die offene Formulierung unbegrenzt; eine umfassende Güterabwägung wie in Abs. 2 muss nicht mehr stattfinden.

Umweltschutzgesetz USG (Regelungsebene 2)
Art. 2 Verursacherprinzip

Wer Massnahmen nach diesem Gesetz verursacht, trägt die Kosten dafür.

Wiederum ist auf die reziproke Natur des Verursacherprinzips zu verweisen.

Umweltschutzgesetz USG (Regelungsebene 2)
Art. 8 Beurteilung von Einwirkungen

Einwirkungen werden sowohl einzeln als auch gesamthaft und nach ihrem Zusammenwirken beurteilt.

In der Praxis dominiert die Tendenz zur Einzelbetrachtung, gefördert durch den Ansatz der UVP (lokale Messung von Belastungen).

Umweltschutzgesetz USG (Regelungsebene 2)
Art. 9 Umweltverträglichkeitsprüfung (UVP)

1 Bevor eine Behörde über die Planung, Errichtung oder Änderung von Anlagen entscheidet, welche die Umwelt erheblich belasten können, prüft sie möglichst frühzeitig die Umweltverträglichkeit; der Bundesrat bezeichnet diese Anlagen.

Inzwischen entstand aus der UVP-Pflicht eine umfangreiche UVP-Industrie mit zum Teil engen, politisch relevanten Verbindungen zwischen UVP-Beratung, Verbänden und behördlichen Umweltfachstellen. So bilden sich Interessengruppen, die die bestehenden suboptimalen Verhältnisse verteidigen.

Umweltschutzgesetz USG (Regelungsebene 2)
Art. 55 Beschwerderecht der Umweltschutzorganisationen

1 Soweit gegen Verfügungen der kantonalen oder Bundesbehörden über die Planung, Errichtung oder Änderung von ortsfesten Anlagen, für die eine UVP [...] erforderlich ist, die Verwaltungsbeschwerde beim Bundesrat oder die Verwaltungsgerichtsbeschwerde beim Bundesgericht zulässig ist, steht das Beschwerderecht auch den gesamtschweizerischen Umweltschutzorganisationen zu [...]

Es entstehen latente Konflikte mit Beschlüssen demokratischer Institutionen. Es findet eine Verlagerung von politischen Entscheidungen in den vorgesehenen Institutionen zu Gerichten oder zu privaten Verhandlungen statt.

2 Der Bundesrat bezeichnet die zur Beschwerde berechtigten Organisationen.

Die Legitimationskriterien sind im Gesetz definiert, bedürfen aber der fallweisen Überprüfung. Zur Beschwerde legitimierte Organisationen können in der Zahl nur zunehmen. Es ist stets mit Bestrebungen zu rechnen, die Beschwerdelegitimation an zusätzliche Verbände zu vergeben.

UVP-Verordnung (Regelungsebene 3)
Ausfluss von Art. 9 USG:

Bezeichnung von ungefähr 70 Typen UVP-pflichtiger Anlagen im Anhang zur Verordnung.

Die arbiträre Auswahl der Anlagen und Grenzkriterien führte zu Ungleichgewichten aus Sicht der potenziellen Umweltbelastungen. Zum Beispiel blieb die Landwirtschaft als gewichtige Quelle von

	Umwelt- und Naturbelastungen bis in die heutige Zeit weitgehend verschont.
Luftreinhalteverordnung LRV / Kantonale Massnahmenpläne (Regelungsebenen 3/4) Art. 31 und 32 LRV: In Gebieten mit übermässiger Luftbelastung haben die Kantone für eine Sanierung zu sorgen, die alle – neue und bestehende – Anlagen zu Massnahmen verpflichtet (Prinzip der Lastengleichheit).	Kantonale Massnahmenpläne und Wegleitungen haben formal keine Gesetzeskraft, wirken aber in der Gerichtsauslegung – auch durch das Bundesgericht – und in der praktischen Anwendung tendenziell wie gesetzliche Regelungen. Dadurch werden behördliche Spielräume für flexible und einzelfallgerechte Lösungen ungehörig eingeschränkt.
Kantonale Wegleitungen (Reglungsebene 5) Ausfluss von Massnahmenplänen, z.B. zur Regelung des Parkplatzbedarfs durch die Gemeinden Die Zürcher Wegleitung zur Regelung des Parkplatzbedarfs enthält detaillierteste Vorgaben für die planerische Berechnung von maximal zulässigen Parkplatzzahlen.	Die dabei verwendeten Annahmen über wichtige statistische Zusammenhänge sind nach Auskunft von Verkehrsplanern zum Teil reines Wunschdenken und derart weit von Erfahrungswerten entfernt, dass die Wirtschaftlichkeit von Projekten zum Vornherein an diesen unrealistischen Vorgaben scheitern muss.

Fortlaufende Konkretisierung des Umweltrechts

Der Prozess der Rechtskonkretisierung setzt beim Verfassungsartikel 74 an. Das USG trat 1985 in Kraft. Danach folgten die verschiedenen Verordnungen (Luft, Lärm usw.) sowie die Vollzugsmassnahmen in den Kantonen. Dieser Prozess erforderte mehrere Jahre. Danach führten Gerichtsurteile zu einer allmählichen Konkretisierung des Umweltrechts in der praktischen Anwendung.

Das Bundesgericht fällte Richtungsentscheide für wichtige Standardkonflikte, so z.B. in den Fällen:

Projekt Gemischte Überbauung Schlieren ZH (BGE 124 II 272): Richtungsentscheid des Bundesgerichts für die Reduktion der Parkplatzzahl aufgrund des Kantonalen Massnahmenplans in einem Gebiet mit übermässiger Luftbelastung.

Einkaufszentrum Belp BE (BGE 125 II 129 Belp): Bundesgerichtlicher Grundsatzentscheid für die Gebührenpflicht zur Parkplatz-Bewirtschaftung als «zulässige Massnahme der verschärften Emissionsbegrenzung».

Projekt Kino- und Fachmarktzentrum in Adliswil ZH (BGE 1P.23/2001) sowie Projekt Verbraucherzentrum Dietikon ZH (BGE 1A.54/2001): Grundsatzentscheid des Bundesgerichts betreffend die Erschliessung von publikumsintensiven Anlagen mit dem öffentlichen Verkehr unter Rückgriff auf den Kantonalen Massnahmenplan.

Zum Prozess der Rechtskonkretisierung zählen auch Verhandlungsergebnisse zwischen Projektträgern und Verbänden, die rechtsverbindlich festgeschrieben werden. Der VCS hat inzwischen detaillierte Parkplatz-

Überschiessendes Bundesgericht?

Gemäss Organisationsgesetz behandelt die öffentlich-rechtliche Abteilung des Bundesgerichts Verbandsbeschwerdefälle nur schriftlich. Ein einzelner Referent bearbeitet jeweils den vorliegenden Fall. Der Urteilsvorschlag mit Begründung geht im Zirkulationsverfahren durch das zuständige Richterkollegium. Eine eigentliche Urteilsverhandlung findet nur statt, wenn im Richterkollegium keine Einigkeit erreicht wird. Diese mündliche Verhandlung ist öffentlich.

Nach den Beobachtungen eines führenden Experten des Planungs- und Baurechts verfuhr das Bundesgericht in einer ersten Phase mit den Umweltverbänden in Beschwerdefällen eher wohlwollend, um dem neuen Instrument im Rechtssystem zum Durchbruch und zur Festigung zu verhelfen. Dies würde ein gewisses Überschiessen erklären, das jetzt nach Korrekturen rufe.

Bewirtschaftungskonzepte durchgesetzt, die vertraglich fixiert und in Baubewilligungen rechtlich abgesichert werden. Solche privaten Vereinbarungen erhalten dadurch erhöhte Rechtskraft und werden zu Mustervereinbarungen für weitere Fälle. Im Gegensatz zu Behördenerlassen sind aber diese Vertragsregelungen weniger flexibel, denn sie sind nur mit Zustimmung aller Vertragsparteien revidierbar. Doch auf Jahrzehnte hinaus rechtlich festgeschriebene detaillierte Regelungen, z.B. der Verkehrs- und Parkplatzbewirtschaftung, sind in einer sich wandelnden Gesellschaft, auch ökologisch, widersinnig. Solche Konzepte entspringen dem statischen Denken von Null-Wachstums-Ideologien und blenden den technologischen Fortschritt aus, welcher grösstenteils der Innovationspotenz marktwirtschaftlicher Wirtschaftsordnungen zu verdanken ist und weniger staatlichen Vorschriften und direkten Eingriffen.

Die Entwicklung zur Konkretisierung des Umweltrechts wird auf Seiten der betroffenen Projektunternehmer als zunehmende Einschränkung empfunden, werden doch frühere Handlungsspielräume durch neue Bestimmungen bzw. deren Durchsetzung eingeengt, was in der Regel auch die Wirtschaftlichkeit tangiert. Immerhin wäre als Ausfluss dieses Prozesses zu erwarten, dass die Rechtsunsicherheit der früheren Jahre abnimmt. Der rechtliche Konkretisierungsprozess steht jedoch unter dem Dauerrisiko des Überschiessens, so zum Beispiel, wenn sich in der Einzelfallbetrachtung von Umweltverträglichkeitsberichten der prüfende Blick so einengt, dass man die Proportionen aus einer zusammenhängenden Sicht aus den Augen verliert.

Eldorado für Staatsinterventionen

Ökonomische Konzepte, wie z.B. Verhaltensanreize durch Kosteninternalisierung über den Preis oder Märkte für handelbare Umweltbelastungsrechte, haben auf die praktische schweizerische Umweltpolitik bisher

Zwiespältige Haltung der Wirtschaft

Die Wirtschaft zeigt gegenüber dem Vollzug des Umweltrechts keine einheitliche Haltung. Kein Wunder, denn was gerne pauschal als «die Wirtschaft» bezeichnet wird, ist ein vielfältiges Gebilde ohne klar gleich gerichtete Interessen. Technische Massnahmen des Umweltschutzes in den eigenen Anlagen verursachen den Unternehmen gewöhnlich zusätzliche Kosten, doch gesetzliche Umweltschutzauflagen verschaffen auch lukrative Geschäfte. In der Branche Umweltschutz werden heute Milliarden umgesetzt. Es sind viele neue Wirtschaftszweige entstanden. Und umweltgerechtes Verhalten wird von immer mehr Unternehmen auch als Marketingbotschaft eingesetzt.

Doch grosse Teile der Wirtschaft tun sich immer noch eher schwer mit Massnahmen, die eine ökonomisch fundierte Internalisierung von Umweltkosten anstreben. Wirksame Lenkungsabgaben zur Beeinflussung des Verhaltens bei umweltbelastenden Tätigkeiten stiessen dort bisher vornehmlich auf Skepsis, weil dadurch oft die Produktionskosten erhöht werden, aber auch aus einer historisch begründeten Sorge vor einer schleichenden Erhöhung der Fiskalquote. Die Schwerverkehrsabgabe für Lastwagen (LSVA) ist eine positive Ausnahme, hat aber in ihrer politisch ausgehandelten geringen Höhe keinen wesentlichen Lenkungseffekt. Die mangelnde Kostenwahrheit bei der motorisierten Mobilität hat grossflächige Auswirkungen auf Wirtschafts- und Siedlungsstrukturen. Um Fehlentwicklungen zu korrigieren, wird die Wirtschaft (und die gesamte Bevölkerung) zwingend mit schlechteren Lösungen konfrontiert – nahe liegend im Umweltschutz ist eine bürokratische Verwaltung von ökologischen Belastungen mithilfe von Grenzwerten und polizeirechtlichem Vollzug.

Gerne wird in Kreisen der Wirtschaft argumentiert, eine eigenständige nationale Umweltpolitik der Kostenwahrheit und der Verhaltensbeeinflussung über Preisanreize sei international wettbewerbsverzerrend, weil Kostennachteile entstünden. Dies trifft höchstens aus einer kurzfristig-betriebswirtschaftlichen Perspektive zu, nicht jedoch in der langen Frist. In europäischen Ländern ist z.B. Energie im Durchschnitt als Produktionsinput teurer als in Nordamerika, ohne dass europäische Volkswirtschaften und Unternehmen wirtschaftlich gerade darunter leiden. Denn erstens sind marktwirtschaftliche Systeme sehr anpassungsfähig, und zweitens beruht die Entwicklung des internationalen arbeitsteiligen Handels mehr auf komparativen als auf absoluten Kostenvorteilen, d.h. auf Spezialisierung.

Eine abwehrende Haltung von Wirtschaftsinteressen gegenüber Umweltmassnahmen über den Preis erscheint somit als eher kurzsichtig, denn marktwirtschaftlich orientierte Instrumente gewähren im Prinzip mehr Freiheitsgrade für Schutzmassnahmen und versprechen ein gegebenes Ziel auch effizienter zu erreichen als bürokratische Ansätze.

keinen wesentliche Einfluss ausgeübt. Ausnahmen bilden vom Ansatz her die Schwerverkehrsabgabe sowie Lenkungsabgaben beim Abfall und für gewisse Schadstoffe. Allerdings muss die Abgabenhöhe jeweils politisch ausgehandelt werden, so dass die angestrebte Lenkungswirkung kaum je erzielt wird. Von diesem Urteil ausgenommen sind die kommunalen Sackgebühren für Haushaltkehricht. An deren Beispiel zeigt sich, dass nur mit drastischen Preiserhöhungen eine Lenkungswirkung zu erzielen ist. Kehrichtsäcke kosten heute im Mittel rund zehnmal mehr als früher, und die entsprechenden Wirkungen haben die Betreiber und Anbieter von Kehrichtverbrennungsanlagen dramatisch zu spüren bekommen.

Viel mehr als von ökonomischen Konzepten ist die heutige Umweltpolitik von technischen und juristischen Denkweisen geprägt, und so ist sie unvermeidlich zu einem Eldorado für staatliche Interventionen geworden. Die Umweltpolitik braucht öffentliche Unterstützung und funktioniert weitgehend nach dem Prinzip der plausibel erscheinenden Direktwirkung am Einzelobjekt. Damit bleiben die unsichtbaren Neben- und Folgewirkungen von Umweltinterventionen meist unberücksichtigt. Die Umweltpolitik tritt nur in den aufwendig gestalteten behördlichen Umweltbroschüren als Gesamtprojekt in Erscheinung. In der Praxis ist sie am Ende der Vollzugskette ein punktueller und fragmentierter Massnahmenwirrwarr und nicht als ein zusammenhängendes Projekt in ein übergeordnetes Programm des nachhaltigen Wachstums eingebettet. Die Umweltpolitik führt quasi ein Eigenleben ausserhalb einer umfassenden Nutzen-Kosten-Sicht.

Der vom Umweltrecht erzwungene Fokus auf Einzelprojekte fördert eine Haltung, die – oft moralisch voreingenommen – Umweltpolitik vornehmlich als Kampf ideeller ökologischer Gesamtinteressen gegen private Profitinteressen begreift. Deshalb ist in Beschwerdefällen auch selten von den volkswirtschaftlichen Kosten umweltpolitischer Eingriffe die Rede. Es fehlt die Einsicht, dass private Gewinne und Kosten in einem marktwirtschaftli-

Ökonomie und Umwelt: Grundlegende Konzepte

Menschliche Übernutzung macht ehemals freie Güter von Umwelt und Natur zu knappen Gütern. Kulturgüter, um die sich die Heimatschutzverbände sorgen, sind ebenfalls knapp und deshalb schützenswert. Damit wird die Problematik des Umweltschutzes zu einem typischen Thema der Wissenschaft der knappen Güter, d.h. der Ökonomie. Kein Wunder, haben sich Ökonomen schon früh mit Umweltthemen befasst; so entsprangen das zentrale Konzept der externen Umwelteffekte und seine wichtigste normative Folgerung, die Forderung nach Internalisierung, der ökonomischen Forschung.

Ein grundlegender Beitrag zur Internalisierungsfrage stammt von COASE. Er zeigte mithilfe modellhafter Beispiele, dass bei klar geregelten Eigentumsrechten (mit Schadenshaftung) Internalisierung keine staatliche Intervention braucht, sondern dass sich durch private Kompensationsverhandlungen zwischen dem Verursacher und dem Betroffenen externer Umwelteffekte ein gesellschaftlich optimales Ergebnis erzielen lasst [COASE 1988]. Die Unsicherheit der Akteure wird durch das Verhandlungsprinzip natürlich auch in diesem COASE'schen Verfahren nicht geringer. Ausserdem muss auch unter diesem Verfahren die staatliche Ordnung (Gesetz und Verfassung) die Akteure mit Handlungsrechten *(property rights)* ausstatten.

COASE war es auch, der das Verursacherprinzip relativierte, indem er dessen reziproke Natur aufzeigte. So kann auch ein von Immissionen Betroffener als Verursacher von Externalitäten in Frage kommen. Ein aktuelles schweizerisches Beispiel dafür sind etwa die gegen Fluglärm protestierenden Zuzüger in Häuser und Wohnungen im Umfeld des Flughafens Zürich. Hier sind gemäss COASE die vielen Zuzüger in die Flughafenregion Verursacher ihrer eigenen Lärmbelastung. Wären sie nicht dorthin gezogen, litten sie nicht unter dem Fluglärm. Diese typisch ökonomische Betrachtungsweise kann natürlich zu völlig anderen Folgerungen führen als die gängigen Ansichten, die den Verursacher immer hinter der Emissionsquelle orten und einseitigen Vorstellungen über Entschädigungspflichten Vorschub leisten. Nach dem COASE-Modell macht es wohlfahrtsökonomisch keinen Unterschied, ob der Emittent das Opfer für die Umweltbelastung entschädigt oder ob umgekehrt das Opfer den Emittenten für die Unterlassung der Umweltbelastung schadlos hält.

chen System grundsätzlich auch volkswirtschaftliche bzw. soziale Gewinne und Kosten sind. Desgleichen scheint das Verständnis für Opportunitätskosten, die bei Umweltschutzmassnahmen etwa als Wohlstandseinbusse auftreten, selbst bei den Gerichten, die Beschwerdefälle zu entscheiden haben, nur rudimentär entwickelt zu sein. Und schliesslich mangelt es auch am Verständnis dafür, dass nicht jede Massnahme ökologisch und ökonomisch sinnvoll sein kann; notwendig wären Kosten-Nutzen-Überlegungen, wie sich knappe Mittel am effektivsten für Umweltanliegen einsetzen lassen.

So ist die Umweltpolitik im Endeffekt allenfalls politisch rational, indem sie sich aus den Kalkülen der Mehrheitsbeschaffung ergibt. Die ökologische Schonbehandlung der Landwirtschaft vermittelt eindrücklich, was politische Rationalität in der Umweltpolitik bedeutet.

Schonende Behandlung der Landwirtschaft

«Heute stammen rund 90 Prozent der Luftschadstoffe aus menschlicher Tätigkeit – konkret aus Heizungen, Automotoren und Industrieanlagen.» Dieses Zitat aus dem BUWAL-Bericht «Umwelt Schweiz 2002» unterschlägt die beträchtliche Luftbelastung durch die Landwirtschaft. Das Vergessen der Landwirtschaft als Umweltproblem zeigt die Wahrnehmungsverzerrung, die in der breiten Öffentlichkeit immer noch wirksam ist: Bauer und Natur gehören zusammen. Tatsache ist aber, dass unsere «Landschaftsgärtner» – angetrieben von den Subventionsmilliarden einer verfehlt angelegten Agrarpolitik – die Natur in den vergangenen Jahrzehnten wohl nachhaltiger verändert, übernutzt und belastet haben als irgendein anderer Wirtschaftszweig. Der Prozess war schleichend, zum Teil kaum sichtbar und entzog sich so der allgemeinen Aufmerksamkeit.

Nicht dass das BUWAL die ökologischen Probleme der Landwirtschaft nicht erkannt hätte. So liest man im gleichen BUWAL-Umweltbericht 2002 an späterer Stelle: «*Auch manifestieren sich die Umweltprobleme der Landwirtschaft immer deutlicher. Nitrat im Trinkwasser, erstickende Seen, Ammoniakemissionen in die Luft, Schadstoffrückstände in Böden und Erosion waren die Kehrseiten der Ertragssteigerung in der Landwirtschaft.*» Oder ein weiteres Zitat: «*Betrachten wir unsere Landschaft heute und vergleichen sie mit Aufnahmen aus den 70er Jahren, stellen wir eine erschreckende Verarmung fest. Die Veränderungen im Landschaftsbild sind einerseits die Folge starker Überbauung und teilweiser Verstädterung. Sie sind andererseits aber auch das Ergebnis des Ausräumens unserer Landschaft – naturnahe Elemente wie Hecken, Feldgehölze, Obstbäume und Feuchtstandorte sind grösstenteils verschwunden. Güterzusammenlegungen, immer grössere Bewirtschaftungseinheiten und eine immer intensivere landwirtschaftliche Nutzung trugen zu der heute vielerorts eintönigen Landschaft bei.*»

Und weiter das BUWAL in seinem Bericht «Vollzug Umwelt» [2002]: «*Die Ammoniak-Emissionen in der Schweiz stammen zu rund 90 Prozent aus der Landwirtschaft. Auf Stickstoff bezogen, sind die Ammoniak-Emissionen der Landwirtschaft sogar bedeutender als sämtliche Stickoxidemissionen aus Verkehr, Industrie und Gewerbe sowie Haushalten zusammen. Wissenschaftliche Untersuchungen in Europa haben aufgezeigt, dass empfindliche Ökosysteme übermässig mit Stickstoffeinträgen aus der Luft belastet werden und dass diese Stickstoffeinträge ihren Ursprung grösstenteils in den Ammoniak-Emissionen der Landwirtschaft haben. Je nach Region und Ökosystem werden die aus ökologischer Sicht maximal zulässigen Stickstoffeinträge (critical loads) zum Teil massiv überschritten. So wiesen z.B. bereits Mitte der 90er Jahre rund 90 Prozent aller Waldstandorte in der Schweiz zu hohe Stickstoffeinträge auf. Der Bereich Landwirtschaft spielte bisher in den kantonalen Massnahmenplänen zur Luftreinhaltung nur eine untergeordnete Rolle. Aufgrund der festgestellten übermässigen Stickstoffeinträge besteht nun allerdings auch in der Landwirt-*

schaft ein erheblicher Handlungsbedarf, ist doch die Vielzahl der landwirtschaftlichen Quellen für den weitaus grössten Teil der Ammoniak-Emissionen in der Schweiz verantwortlich.»

Anzufügen wäre dem Schadensregister der Landwirtschaft die Gefährdung der menschlichen Gesundheit durch die industrielle Agrarproduktion. Diese ominöse Entwicklung stand stets in auffallendem Kontrast zum verbreiteten Bild der bäuerlichen Idylle der Landschafts- und Naturpfleger. Die heutige aufwendig kommerziell und politisch vermarktete Ökologisierung der Landwirtschaft ist vor dem Hintergrund der früheren enormen Fehlentwicklung zu sehen. Die Bauern werden heute mit hohen Direktzahlungen dafür belohnt, dass sie Natur und Menschen weniger belasten als früher.

Erst in jüngster Zeit wird nun auch in der Schweiz die schon lange wirkende grosse ökologische Belastung der Natur und Umwelt durch die bäuerliche Produktion als Problem anerkannt. Ähnlich einschneidende Massnahmen wie etwa bei Grossprojekten in städtischen Agglomerationen sind aber politisch nicht durchsetzbar, obwohl das Nutzen-Kosten-Verhältnis wirksamer ökologischer Eingriffe in der volkswirtschaftlich ohnehin enorm kostspieligen Landwirtschaft überaus günstig ausfallen müsste. Mit anderen Worten: Eine ökonomisch sinnvolle Politik der Marktöffnung hätte auch ökologisch erwünschte Folgen. Die Studie «Einvironmental Indicators for Agriculture» der OECD zur landwirtschaftlichen Umweltbelastung thematisiert die Zielharmonie zwischen Ökonomie und Ökologie: *«Die Studie zeigt [...], dass dort, wo die Landwirtschafts- und Handelspolitik die Inputkosten gesenkt hat [...] bzw. die Outputpreise für Ernte und Viehbestand für die Landwirte erhöhte, weiter Umweltschäden auftraten. [...] Reformen, die auf den Abbau der wettbewerbsverzerrenden Subventionen [...] abzielen, würden helfen, die Umweltperformance der Landwirtschaft zu verbessern»* [OECD 2001].

Kein Umweltschutz ohne wirtschaftliche Dynamik

Wie die heutige Praxis einer ausformulierten bürokratisch-interventionistischen Schutzpolitik am Einzelobjekt begründet wird, zeigt sich am Beispiel der Luftreinhaltepolitik. Eine Massnahme gilt dann als zielkonform, wenn sie einen Beitrag dazu verspricht, einen Grenzwert zu unterschreiten. So steht im NABEL-Bericht 2001 [BUWAL 2002] betreffend Luftbelastung: *«Jede Massnahme, die zu einer Verminderung der Schadstoffemissionen führt, ist sinnvoll.»* Von den volkswirtschaftlichen Kosten ist in dieser absoluten Formulierung bezeichnenderweise nicht die Rede. Ebenso scheint das ökonomische Gesetz vom abnehmenden Grenznutzen zusätzlicher staatlicher Eingriffe, das selbstverständlich auch im Umweltschutz gilt, in der Gedankenwelt der zuständigen Entscheidungsträger kaum erkennbar. In einer Welt der knappen Güter ist nicht jede Massnahme wirtschaftlich tragbar, also lautet das Grundanliegen: optimaler Einsatz der beschränkten Mittel am richtigen Ort.

So ist denn auch die historisch erwiesene Tatsache nicht überraschend, dass nur wohlhabende Wachstumsgesellschaften überhaupt über die Ressourcen verfügen, um sich eine Umweltpolitik leisten zu können. Aus dieser Einsicht wäre aber die Hierarchie der grundlegenden Werte abzuleiten. Wer allerdings den marktwirtschaftlichen Kapitalismus prinzipiell ablehnt, gelangt natürlich zu anderen Schlüssen. Diese Bemerkung drängt sich auf, weil sich grüne Parteien und Umweltbewegungen im politischen Spektrum, zumindest in der Schweiz, eindeutig links positioniert haben und sich somit auch gut als Zufluchtsort und neue politische Heimat für fundamentale Systemgegner eignen.

04 /

NEUN FALLGESCHICHTEN

Grossraum Zürich als Konfliktschwerpunkt

Die Mehrzahl der untersuchten Fallbeispiele stammt aus dem Grossraum Zürich. Hier war die Suche nach Informationsquellen und ausreichend dokumentierten Dossiers am ergiebigsten. Diese Schwerpunktbildung ist aber nicht zufällig und vermittelt deshalb auch keine verzerrte Sicht der heutigen Zustände und Entwicklungen. Einerseits steht der Kanton Zürich mit dem Vollzug des Umweltrechts und der Konkretisierung in Form von Massnahmenplänen und Wegleitungen an vorderster Front und eignet sich somit gut als Erfahrungsquelle für eine ausformulierte bürokratisch-interventionistische Umweltpolitik. Anderseits betrifft die starre Grenzwertpolitik dynamische städtische Regionen mit überdurchschnittlichem Entwicklungspotenzial besonders stark.

Ein wiederkehrendes aktuelles Thema von wachsender stadtplanerischer Bedeutung ist die Revitalisierung von Industriebrachen auf innerstädtischen Arealen. In den traditionellen Industriezentren Zürich und Winterthur hinterliess die Stilllegung von Produktionsanlagen durch Weltfirmen wie ABB oder SULZER-ESCHER-WYSS oder auch durch kleinere Unternehmen riesige Flächen für neue Nutzungen. Der Umnutzungsprozess ist seit gut zehn

Jahren in Gang, bietet grosse stadtplanerische Chancen und hat an verschiedenen Standorten auch bereits kreative und städtebaulich interessante Lösungen hervorgebracht. In jüngster Zeit droht aber die Entwicklung unter der zunehmenden Bürokratisierung und Formalisierung des Umweltrechts in Bezug auf die Verkehrsplanung zunehmend ins Stocken zu geraten, wie einige der nachstehend dokumentierten Fallbeispiele zeigen. Die folgende Tabelle gibt eine Übersicht über die neun untersuchten Fallbeispiele.

Fallübersicht und Hauptergebnisse

Projekt	Volumen in Mio. Fr.	Aktive Verbände	Hauptergebnisse
Büroüberbauung Richti Wallisellen	160 bzw. 40	VCS	Ablehnung aller Beschwerden 7 Jahre Verzögerung, Redimensionierung
Westumfahrung N4/N20 Zürich	2850	VCS, WWF, SHS	Ablehnung aller Beschwerden Ca. 3 Jahre Verzögerung
Eurogate Zürich	1500	VCS	Erfolglose Endverhandlungen Projekt unter Termindruck gescheitert
Baufachmarkt Grüze Winterthur	40 ohne Land	VCS	Rekurs vom Regierungsrat geschützt Projekt verzögert und unter anhaltendem Beschwerderisiko
Airport Business Park Rümlang	240 bzw. 100	VCS	VCS und Behörden fordern extrem restriktives Verkehrskonzept Projekt verkleinert – UVP-Pflicht entfällt
Überbauung Kreuzplatz Zürich	85	SHS	Nichteintreten des Bundesgerichts mangels Beschwerdelegitimation des SHS
S-Bahnhof Affoltern Affoltern am Albis	23,5	SHS	Niederlage des SHS beim Verwaltungsgericht 16 Planungsvarianten, 1 Jahr Verzögerung
Skilift Pizol Bad Ragaz	0,5	PN, SL	Beschwerderückzug mangels rechtlicher Grundlage 21 Monate Verfahren, 6 Wochen Bauzeit
Wohnsitz Schumacher Wolfhalden	keine Angabe	SL, PN, SHS	«Runde Tische» am Verbandswiderstand gescheitert Rückzug des Baugesuchs

Probelauf durch die Instanzen: Überbauung Richti Wallisellen

7-jähriger Rechtsstreit
Scharf gerügte Beschwerdeführung
Ganzheitliche Sichtweise der Gerichte

Vom «Quadro Bucato» zum «Tethys Park»

Ende der 1980er Jahre bildeten die Grundeigentümerin ZZ (Zürcher Ziegeleien), die damalige Schweizerische Kreditanstalt SKA (heute CREDIT SUISSE) und die VONTOBEL HOLDING eine Interessengemeinschaft, um die 70 000 m² grosse Industriebrache auf dem Richti-Areal im Zentrum der Zürcher Vorortsgemeinde Wallisellen einer geeigneten Nutzung zuzuführen. Aus einem Architektenwettbewerb ging das Projekt «Quadro Bucato» als Sieger hervor, das eine Büroüberbauung mit grossem Innenhof vorsah. Eckdaten des bewilligten mehrteiligen Verwaltungskomplexes waren eine Bruttogeschossfläche von 67 000 m², 2700 Arbeitsplätze sowie 750 Parkplätze.

Dieses erste Projekt auf dem Richti-Areal, der einzigen grossen Baulücke im Zentrum, beinhaltete eine zonenkonforme Büroüberbauung ohne viel Publikumsverkehr. Der Standort ist siedlungs- und verkehrsplanerisch optimal, und eine Überbauung dieses gut erschlossenen Zentrumsgebiets entspricht der von der Richtplanung geforderten «Verdichtung nach innen».

Die Schwierigkeiten begannen für die Projektpromotoren mit dem Rekurs des VCS gegen die Baubewilligung im Jahre 1990. Ab diesem Zeitpunkt opponierte dieser Verband mit Rekursen und Beschwerden bis vor Bundesgericht. Dabei ging es formell um die baurechtliche Behandlung eines UVP-

Chronologie

1990 Gestützt auf einen Umweltverträglichkeitsbericht (UVB 89), erteilt der Gemeinderat Wallisellen für das Projekt «Quadro Bucato» eine Baubewilligung «unter erschwerten Bedingungen».
Rekurs des VCS gegen die Baubewilligung.

1992 Der Regierungsrat des Kantons Zürich lehnt den Rekurs des VCS ab.
Der VCS gelangt mit einer Beschwerde an das Verwaltungsgericht. Dieses sistiert das Verfahren.
Ein zweiter Umweltverträglichkeitsbericht (UVB 92) wird erstellt.

1994 Der Gemeinderat erteilt der BHG Richti eine Bewilligung mit zahlreichen Nebenbestimmungen; die Zahl der Parkplätze wird aufgrund des UVB 92 auf 750 begrenzt.
Der VCS legt beim Zürcher Regierungsrat Rekurs ein.

1995 Der Regierungsrat lehnt den Rekurs des VCS gegen die Baubewilligung ab.
Der VCS zieht den Fall an das Verwaltungsgericht weiter, welches das Verfahren mit dem 1992 sistierten Verfahren vereinigt.

1996 Das Verwaltungsgericht weist beide Beschwerden des VCS ab.
Der VCS reicht beim Bundesgericht Verwaltungsgerichtsbeschwerde ein, in der er verlangt, die vorgängigen Urteile und Entscheide seien aufzuheben und die Baubewilligung zu verweigern.

1997 Das Bundesgericht weist die Verwaltungsgerichtsbeschwerde des VCS vollumfänglich ab, soweit es darauf eintritt.

2003 Das überarbeitete und gestraffte Bauprojekt wird publik: Beginn der Vermarktung der 1. Bauetappe von Dienstleistungsflächen im «Tethys Park», einer projektierten Geschäftsüberbauung auf Grundstücken der PLAZZA IMMOBILIEN und der GU ALLREAL.

pflichtigen Verwaltungskomplexes mit Parkplätzen. Nach letztinstanzlicher Abweisung sämtlicher Beschwerden durch das Bundesgericht liegt seit 1997 eine Baubewilligung vor, doch ist mit der Realisierung des ursprünglichen Vorhabens, primär aus konjunkturellen Gründen, bisher nicht begonnen worden. Die SKA/CREDIT SUISSE und VONTOBEL zogen sich im Verlauf der jahrelangen Rechtsstreitigkeiten wieder aus dem Vorhaben zurück. Mit der CREDIT SUISSE bestand ein Baurechtsvertrag auf 99 Jahre, der jedoch eine Kündigungsklausel enthielt, die mit dem Vorliegen einer Baubewilligung bis zu einem bestimmten Termin verknüpft war. Wegen der VCS-Beschwerden wurde der Termin um drei Monate überschritten, worauf die CREDIT SUISSE den Vertrag kündigte.

Inzwischen haben die Promotoren die Planung revidiert und das Projekt «Quadro Bucato» entsprechend überarbeitet. Insbesondere wurden Fassaden, Haustechnik und Layout den heutigen Anforderungen angepasst. Die Bebauung des Areals wird aller Voraussicht nach in Etappen erfolgen. Im April 2003 wurde der Beginn der Vermarktung von Büroflächen im «Tethys Park Wallisellen» durch die Medien publik. Die Generalunternehmung ALLREAL übernahm von der Bank VONTOBEL den östlichen Arealteil mit einer Fläche von rund 17 000 m². Darauf und auf dem westlichen Arealteil der PLAZZA IMMOBILIEN sollen Bürogebäude für Dienstleistungsunternehmen errichtet werden, allerdings ohne festen Realisierungstermin, stehen doch in der Gemeinde gegenwärtig rund 30 000 m² Büroraum leer. Die erste Bauetappe der Überbauung «Tethys Park» wird etwa 17 000 m² Nutzfläche bieten. Die weiteren Bauetappen sind noch nicht geplant.

Rüffel vom Bundesgericht

Dieser Fall liegt weiter zurück, ist aber gerade deshalb wichtig, weil er aufschlussreiche Vergleiche mit heutigen Zuständen erlaubt. Für den VCS war dies offenbar einer der ersten Beschwerdefälle durch alle Instanzen, also eine Art Probelauf. Gemäss Ausführungen des Bundesgerichts hiess die gewählte Strategie der Beschwerdeführung eindeutig «Angriff auf breiter Front», nicht Konzentration auf einen aussichtsreichen Punkt. Die Beschwerde umfasste praktisch jede erdenkliche Rüge, was das Bundesgericht zu erstaunlich unwirschen Formulierungen bewog.

Die folgenden Kommentare stützen sich auf den Bundesgerichtsentscheid (BGE 123 II 337: Urteil der I. öffentlichrechtlichen Abteilung vom 21. April 1997 i.S. VCS gegen Bauherrengemeinschaft Richti, Gemeinderat Wallisellen sowie Regierungsrat und Verwaltungsgericht des Kantons Zürich). Hauptangriffspunkte des VCS waren die zusätzliche Luftbelastung durch Mehrverkehr sowie die verkehrsmässige Erschliessung:

– Gegen die Behauptung des VCS, das Projekt verursache eine beträchtliche zusätzliche Luftbelastung, bestätigte das Bundesgericht die Meinung des Zürcher Verwaltungsgerichts. Dieses hatte festgestellt, dass der Beitrag des zu erwartenden Richti-Verkehrs an die Belastung der anstossenden Strassenzüge mit Luftschadstoffen gering sein werde. Die Richter nahmen dazu in bemerkenswert ganzheitlicher Sicht Stellung und sahen keine Gefährdung der Umsetzung des Massnahmenplans durch die Realisierung des Bauvorhabens. Der Massnahmenplan lasse eine gewisse Eindämmung der Luftemissionen erwarten. Eine zonenkonforme Überbauung mit verschiedenen kleineren, nicht UVP-pflichtigen Projekten würde ebenfalls Emissionen bringen, die insgesamt kaum geringer wären als jene aus dem geplanten Dienstleistungszentrum, zumal auch Betriebe mit intensivem Publikumsverkehr zugelassen wären. Was die Ozonbelastung betreffe, so sei nicht erwiesen, dass das übermässige Ozonaufkommen im Umfeld des Richti-Areals durch einen Verzicht auf das Bauvorhaben vermindert werden könnte. Das Projekt werde nur geringfügig zur Verstärkung der Luftverschmutzung beitragen.

Brachland in der Glatttalstadt: Verbandsbeschwerden abgewiesen, Realisierung unsicher

Das Bundesgericht zog zur Frage der Verkehrsemissionen auch das DUWAL bei und zitierte im Urteil dessen erstaunlich ganzheitliche Beurteilung der Problematik: «*Dabei sei zu beachten, dass ohne die Realisierung des Projekts diese Verkehrsemissionen zumindest teilweise gleichwohl entstünden, indem Arbeitnehmerinnen und Arbeitnehmer, die in der Überbauung Richti tätig sein würden, sonst an einen anderen Ort fahren würden. Je nachdem, wie gut das Richti-Areal mit öffentlichen Verkehrsmitteln erschlossen werde, könne die Gesamtbilanz sogar positiv ausfallen [...] Dass sich die Vorinstanz über relevante Ergebnisse der UVP hinweggesetzt und den Sachverhalt offensichtlich unrichtig oder unvollständig festgestellt hätte, vermag der Beschwerdeführer nicht nachzuweisen.*»

- Zur Rüge des VCS, das Gebiet sei durch das öffentliche Strassennetz und den öffentlichen Verkehr ungenügend erschlossen und es werde Bundes- und Kantonsrecht verletzt, meinte das Bundesgericht: «*Inwiefern diese Erschliessung bundesrechtlichen Anforderungen nicht genügen soll, ist nicht ersichtlich und wird in der Beschwerde nicht dargelegt. Es wird insbesondere auch nicht aufgezeigt, welche Umweltschutznormen und inwiefern sie verletzt sein sollen. Im Übrigen argumentiert der Beschwerdeführer widersprüchlich, wenn er bei der Frage der Erschliessung das Angebot des öffentlichen Verkehrs als ungenügend bezeichnet, bei der Berechnung der Parkplätze hingegen die gute Erschliessung durch den öffentlichen Verkehr betont.*» Dieser Widerspruch lässt vermuten, dass es dem VCS im Grunde um die Verhinderung dieses Bauprojekts ging.

Die ausufernde Beschwerdeführung zeigt sich an der Sammlung weiterer Rügen, mit denen sich das Bundesgericht zu beschäftigen hatte:

- Zur Rüge des VCS betreffend Lärmschutz: Hier war die Zulässigkeit der Feinerschliessung zu klären, wenn im überwiegenden Teil des Baugrundstücks die Planungswerte eingehalten und an keinem Messpunkt die Immissionsgrenzwerte überschritten sind. Dazu das Bundesgericht: «*Art. 30 LSV verlangt entgegen der Ansicht des Beschwerdeführers nicht, dass die Planungswerte an jedem einzelnen Punkt der Überbauung eingehalten werden.*»

- Zur Kritik des VCS am zweistufigen UVP-Verfahren: «*Dass die [...] in zwei Stufen vorgenommene Prüfung der Umweltverträglichkeit eine umfassende, koordinierte Prüfung vereitelt hätte, wie der Beschwerdeführer behauptet, vermag er selber nicht nachzuweisen und ist den Akten auch nicht zu entnehmen.*»

- Zur Beschwerde betreffend Überprüfung der Nutzungsplanung im Baubewilligungsverfahren: «*Eine solche Grundnutzungsplanung unterliegt weder der UVP noch der Verwaltungsgerichtsbeschwerde an das Bundesgericht und kann von den Umweltschutzorganisationen, die öffentliche Interessen vertreten, auch nicht mit staatsrechtlicher Beschwerde angefochten werden.*»

- Der VCS forderte zudem eine ganze Reihe von projektfremden flankierenden Verkehrsmassnahmen. Er musste sich aber vom Verwaltungs- und vom Bundesgericht sagen lassen, die Realisierung privater Bauprojekte könnte nicht von Massnahmen abhängig gemacht werden, auf welche die Projektträger gar keinen Einfluss hätten.

Schliesslich äusserte sich das Bundesgericht auch zur umstrittenen Frage der Verfahrens- und Parteikosten bzw. Kostenauflage an Umweltschutzorganisationen im bundesgerichtlichen und im kantonalen Verfahren. Die Kostentragpflicht ist bekanntlich ein kritischer Punkt im Konflikt um das Verbandsbeschwerderecht. Die Position der Verbände ist aus dem folgenden Zitat aus dem Bundesgerichtsentscheid ersichtlich: «*Der Beschwerdeführer sieht eine Verletzung bzw. Vereitelung von Bundesrecht darin, dass er von den kantonalen Instanzen zur Tragung von Verfahrens- und Parteikosten verurteilt worden ist und Kostenvorschüsse bezahlen musste. Er meint, die kantonale Kostenpflicht erschwere den ideellen Umweltschutzorganisationen die Beschwerdeführung übermässig, weshalb die im bundesgerichtlichen Verfahren geltende Kostenlosigkeit auch für das kantonale Verfahren gelten müsse.*»

Das Bundesgericht hielt dieser Verbandsposition Folgendes entgegen: «*Die Befürchtung, das Kostenrisiko im Rechtsmittelverfahren könnte den Umweltschutzorganisationen die Ausübung ihres Beschwerderechts derart erschweren, dass die richtige Anwendung des Bundesrechts vereitelt oder zumindest stark behindert würde, lässt sich übrigens durch die bisherigen Erfahrungen sowohl auf Bundesebene als auch in den Kantonen, die seit langem ein allgemeines Beschwerderecht ideeller Organisationen kennen, nicht erhärten. Wohl können bei sehr grossen Bauvorhaben wie dem vorliegenden die Kosten, insbesondere auch die Parteikosten, hoch ausfallen. Andererseits stehen den Organisationen in der Regel weit höhere Mittel zur Verfügung als privaten Personen, z.B. einem vom Bauvorhaben betroffenen Nachbarn. Eine Möglichkeit, die Kosten in Grenzen zu halten, läge im Übrigen in einer Konzentration auf das Wesentliche, sei dies bezogen auf die Auswahl der einzelnen anzufechtenden Entscheide, sei dies bezogen auf die Art der konkreten Prozessführung. Gerade was Letzteres betrifft, lässt der Beschwerdeführer im vorliegenden Fall den Sinn für das Wesentliche vermissen. Seine unnötig weitschweifenden, ja ausufernden Ausführungen verursachen nicht nur den Beschwerdeinstanzen, sondern auch den Gegenparteien übermässige Kosten, die sich in den Gerichtsgebühren und den Parteientschädigungen niederschlagen. Der Beschwerdeführer muss damit rechnen, dass ihm in Zukunft Kosten, die vermeidbar gewesen wären, sogar im Falle des Obsiegens auferlegt bzw. nicht ersetzt werden.»*

Ganzheitliche Urteilsfindung

Die ganzheitliche bundesgerichtliche Argumentation bezüglich Verkehr und Immissionen in diesem früheren Projekt kontrastiert auffallend mit den heutigen formalistischen Urteilen, etwa im Fall des weiter unten dokumentierten MIGROS-Vorhabens eines Baufachmarkts im Gebiet Grüze Winterthur. Mit der zunehmenden Konkretisierung des Rechtsvollzugs sind die formaljuristischen Beurteilungspflöcke heute fest eingeschlagen. Die Gerichte und Behörden orientieren sich an fixen Vorgaben aus Massnahmenplänen, Wegleitungen und Grundsatzurteilen, ohne sich noch eingehend mit den spezifischen Gegebenheiten des Einzelfalles zu beschäftigen, wie dies offensichtlich hier noch geschehen war.

Hohes Schadenspotenzial durch Projektverzögerungen

Die Rechtsverfahren wegen Verbandsbeschwerden des VCS dauerten rund sieben Jahre. Die wirtschaftliche Flaute und die Überkapazitäten auf dem Markt für Büro- und Gewerberäumlichkeiten dürften die Realisierung des Projekts «Quadro Bucato» als Gesamtüberbauung ohnehin verzögert haben. Dies ist jedoch kein stichhaltiges Argument, das gegen die prinzipielle Fragwürdigkeit einer so eingesetzten und wirkenden Verbandsbeschwerde verwendet werden kann. Die konjunkturelle Lage beeinflusst das Beschwerdeverhalten von Verbänden ja in keiner Weise. Für die Projektträger dagegen multiplizierten die drohenden Verzögerungen die im Immobilienwesen ohnehin beträchtlichen Konjunkturrisiken. Dabei sind auch die potenziellen indirekten Nachwirkungen von Verzögerungen durch Verbandsbeschwerden zu berücksichtigen. Die Baubewilligung ist befristet. Verstreicht die Frist ungenutzt, droht ein neues zonenplanerisches Verfahren, das nach Aussage der Projektträgerschaft eine Überbauung des Areals im Sinne des geplanten Projekts bis ins Jahr 2017 (!) verzögern könnte.

Es sind keine Schätzungen der Projektträger über mutmassliche Verluste aus den Rechtsverfahren verfügbar. Solche Fälle beeinträchtigen das allgemeine Investitionsklima. Zudem lassen sich Bauherren von Verbänden in anderen Projekten aus Furcht vor ähnlichen Verzögerungen, trotz guten Aussichten vor Gericht, zu überschiessenden Konzessionen oder gar zum Verzicht auf eine Investition zwingen.

Kostspielige Netzlücke: Autobahn-Westumfahrung Zürich

Kritische Lücke im nationalen Autobahnnetz
Konflikt zwischen nationalen und lokalen Interessen
Aufschiebende Wirkung von Beschwerden als rechtliches Druckmittel

37 Jahre für 10,6 km

Am 13. September 1996 wurde mit dem Spatenstich für den Abschnitt der Umfahrung von Birmensdorf der Baubeginn der Autobahn-Westumfahrung von Zürich gefeiert. Damit ging eine rund 25-jährige Vor- und Leidensgeschichte, bestehend aus Planungen, Projektierungen und Rechtsmittelverfahren, zu Ende. Die Gesamtlänge der neuen Autobahnstrecke beträgt 10,6 Kilometer, wovon 8,4 Kilometer in Tunnels liegen. Die Gesamtkosten belaufen sich auf der Preisbasis 1994 auf 2,85 Milliarden Franken. Die Bauzeit beträgt ungefähr zehn Jahre.

Die Realisierung dieses Teilstücks war bereits durch die Autobahn-Verhinderungsinitiativen der 1970er und 1980er Jahre betroffen. Eine Verzögerung des Baubeginns um weitere rund zweieinhalb Jahre entstand durch die Verwaltungsgerichtsbeschwerden von drei Umweltverbänden, der Stadt Zürich sowie von Privatpersonen an das Bundesgericht ab 1993.

Der VCS verlangte – gegen demokratisch abgestützte Beschlüsse – einen bloss zweispurigen Üetlibergtunnel, also einen künstlichen Flaschenhals. Dies illustriert die Haltung dieses Verbands. In seinem missionarischen Kampf gegen den motorisierten Privatverkehr ist der VCS auch bereit, ein verkehrsplanerisch abgestimmtes nationales Netzsystem zu opfern, ungeachtet der volkswirtschaftlichen Kosten und allfälliger ökologischer Nachteile (z.B. Stauverkehr).

Fallprotokoll des BUWAL

Dieser Fall wird im BUWAL-Bericht [BUWAL 2000a] ebenfalls beschrieben; er eignet sich somit zur Illustration der Falldarstellung in der BUWAL-Evaluation. Der BUWAL-Bericht schildert den Fall unter dem Titel «Zielkonflikt von Strassenbau und Umweltschutz» wie folgt:

«1986 entschied die Bundesversammlung über das Nationalstrassennetz in der Region Zürich. Nach der Genehmigung des generellen Projekts durch den Bundesrat im Juni 1988 genehmigte der Regierungsrat des Kantons Zürich das ‹Ausführungsprojekt für die Westumfahrung Zürich, Abschnitt N, Umfahrung Birmensdorf, Üetlibergtunnel, Brunau-Üetliberg-Ost› im August 1993. Gleichzeitig wurden 292 Einsprachen abgewiesen, darunter jene der Stadt Zürich sowie jene des Verkehrsclubs der Schweiz (VCS), des WWF sowie des Schweizer Heimatschutzes (SHS).

Verschiedene Private, die Stadt Zürich und die Umweltschutzorganisationen reichten in der Folge Verwaltungsgerichtsbeschwerden beim Bundesgericht ein. Sie forderten die Aufhebung des Regierungsratsentscheides über das Ausführungsprojekt und eine Neukonzeption des generellen Projektes. Sie begründeten dies damit, dass die geplante Linienführung des Projektes zu einer erheblichen Verkehrszunahme im Stadtzentrum und folglich zu zusätzlichen Schadstoffimmissionen der bereits übermässig belasteten Luft führe.

Die Beschwerden der Umweltschutzorganisationen sowie der Stadt Zürich wies das Bundesgericht im April 1996 ab. In beiden Beschlüssen wurde der Regierungsrat des Kantons Zürich jedoch auf seiner Zusicherung behaftet, bis

Chronologie

1971	Die Bundesversammlung ergänzt das Nationalstrassennetz mit der nordwestlichen Umfahrung von Zürich (N20). Die Volksinitiative «Mehr Demokratie im Strassenbau» wird eingereicht.
1978	Die Volksinitiative «Mehr Demokratie im Strassenbau» wird mit 61,3 Prozent Neinstimmen und durch sämtliche Kantone abgelehnt. Die Initiative wollte den Bau einzelner neuer Autobahnstrecken des bereits demokratisch beschlossenen Nationalstrassennetzes von neuerlichen Volksentscheiden abhängig machen.
1986	Die Bundesversammlung entscheidet über das Nationalstrassennetz in der Region Zürich.
1988	Der Bundesrat genehmigt das generelle Projekt.
1993	Der Zürcher Regierungsrat verabschiedet das bereinigte Ausführungsprojekt für die Umfahrung Birmensdorf, für den Üetlibergtunnel und für das Verkehrsdreieck Zürich Süd. Der Regierungsrat weist alle Einsprachen ab, darunter jene der Stadt Zürich sowie jene des Verkehrsclubs der Schweiz (VCS), des WWF sowie des Schweizer Heimatschutzes. Verschiedene Parteien reichen beim Bundesgericht Verwaltungsgerichtsbeschwerde ein, darunter die Stadt Zürich und die Umweltschutzorganisationen.
1996	Das Bundesgericht weist alle Beschwerden ab. Das Eidgenössische Departement für Umwelt, Verkehr, Energie und Kommunikation (UVEK) genehmigt die Ausführungsprojekte. Baubeginn bei der Umfahrung Birmensdorf.
2008	Frühest mögliche Eröffnung der gesamten Westumfahrung.

zur Inbetriebnahme des Nationalstrassenabschnittes in Zusammenarbeit mit der Stadt Zürich die notwendigen flankierenden Massnahmen zur Reduktion der strassenverkehrsbedingten Luftverunreinigungen festzulegen und zu verwirklichen.

In seinem Urteil anerkannte das Bundesgericht, dass in fast allen Städten und Agglomerationen der Schweiz die Immissionsgrenzwerte für Stickstoffdioxid und Ozon überschritten werden. Andererseits hätten Volk und Stände mit dem entsprechenden Artikel der Bundesverfassung selbst den Bau und den Betrieb des schweizerischen Nationalstrassennetzes beschlossen. Diesem Verfassungsauftrag müsse in der Interessenabwägung Rechnung getragen werden, soweit es zu einem Zielkonflikt zwischen der Verwirklichung des Nationalstrassennetzes und den Anliegen des Umweltschutzes komme. Für Autobahnen kämen daher Sonderlösungen in Frage, die für private Bauvorhaben nicht zulässig wären. Es gelte auch zu beachten, dass die Bundesversammlung in voller Kenntnis der Schwierigkeiten im Bereich der Luftreinhaltung aus wirtschaftlichen, verkehrspolitischen und föderalistischen Gründen an der Linienführung in der Region Zürich festgehalten habe. Das Bundesgericht hielt gleichzeitig fest, dass damit kein Freipass für die Inkaufnahme von Autobahnimmissionen erteilt worden sei.

Da gewisse Einzelheiten erst im bundesgerichtlichen Verfahren bereinigt werden konnten, wurde den Umweltschutzorganisationen eine Parteienentschädigung für das kantonale Verfahren zugesprochen.»

Diese Beschreibung klingt wie ein trockenes Fallprotokoll. Der BUWAL-Bericht begnügt sich mit einer blossen Wiedergabe der wichtigsten Fakten mit Nennung der ausschlaggebenden Beschwerdeargumente und Begründungen des Bundesgerichts gegen die Beschwerden. Der Eindruck objektiver Nüchternheit entsteht, weil auf eine eigene Beurteilung verzichtet wird. In einem wichtigen Punkt wertet allerdings der BUWAL-Bericht doch subjektiv: Er interpretiert das Bundesgerichtsurteil als «Teilerfolg der Verbände», obwohl das Gericht sämtliche Beschwerden abwies. Diese verbandsfreundliche Auslegung kann sich nur auf die flankierenden Verkehrsmassnahmen in der Stadt Zürich beziehen, doch ist deren Realisierung kein Ergebnis der Beschwerden; sie waren von der Zürcher Regierung ohnehin verpflichtend geplant.

Eine als wertungsneutral gedachte Zurückhaltung in der Fallschilderung ist auch eine Form der Wertung, weil wesentliche Fallaspekte unerwähnt und unkommentiert bleiben. Die folgende Fallanalyse hat zum Ziel, über die blosse Faktenwiedergabe hinaus wichtige Aspekte, die der BUWAL-Bericht nicht thematisiert, sichtbar zu machen.

Teure Lücke im nationalen Autobahnnetz

Das Bundesgericht erörterte in seiner Urteilsbegründung die Hierarchie der Werte im Zielkonflikt «Nationalstrassenbau kontra Umweltschutz» auf Verfassungsebene. Die im Bau befindliche Autobahn-Westumfahrung der Wirtschaftsmetropole Zürich ist eine Netzlücke von landesweiter Bedeutung. Eine im nationalen Strassenverkehrsnetz derart kritische Lücke, die wegen Verzögerungen durch Beschwerden noch einmal über zwei Jahre länger bestehen bleibt, verursacht beträchtliche volkswirtschaftliche Verluste. Diese bleiben in den Beschwerdekonflikten praktisch ausgeblendet, obwohl sie als Folge der vorgegebenen Verfahrenskette mit der aufschiebenden Wirkung von Beschwerden natürlich real entstanden sind.

Die volkswirtschaftliche Bedeutung der im Grossraum Zürich fehlenden Autobahnteilstücke ist kaum hoch genug einzuschätzen. Dass die grösste Schweizer Stadt als wichtigstes Wirtschaftszentrum des Landes erst etwa im Jahr 2010 eine zusammenhängende Umfahrung und damit auch eine

Später Tunnelbau am Üetliberg: 22 Jahre Demokratie plus 3 Jahre Verbandsbeschwerde

Verbindung mit der stark nach Zürich orientierten Zentralschweiz erhalten wird, wirkt aus planerischer Sicht geradezu grotesk. So erkennt man in der räumlichen und zeitlichen Realisierung des schweizerischen Autobahnnetzes einmal mehr die enorme Diskrepanz zwischen sachlicher und politischer Rationalität, wie sie sich beispielsweise auch beim Entscheid für eine staatspolitisch begründete Maximal-NEAT mit zwei gleichzeitig zu bauenden Alpentunneln gezeigt hat.

Obwohl das Bundesgericht in seiner Urteilsbegründung im Konflikt zwischen Verfassungsaufträgen dem Bau des Nationalstrassennetzes gegenüber umweltpolitischen Zielen eine Sonderstellung einräumt, wird die rechtliche Argumentation der volkswirtschaftlichen Bedeutung der Situation kaum gerecht. Problematisch sind besonders zwei Aspekte, nämlich die aufschiebende Wirkung von Beschwerden sowie das Ungleichgewicht in der Abwägung zwischen nationalen und lokalen Interessen.

Aufschiebende Wirkung als Druckmittel

Wegen der grossen volkswirtschaftlichen Bedeutung der Westumfahrung Zürich verursachte die aufschiebende Wirkung der Beschwerden hohe volkswirtschaftliche Kosten, was in der BUWAL-Fallbeschreibung nicht erwähnt wird. Dabei hätte ein früherer Baubeginn die Realisierung der flankierenden Schutzmassnahmen in der Stadt Zürich sachlich in keiner Weise präjudiziert. Dies gilt analog für viele andere Fälle, wo aus Gründen des Umweltschutzes so genannte flankierende Massnahmen gefordert werden. Wenn heute die rechtliche Absicherung solcher Massnahmen nur dank dem Pfand der Projektverzögerung durch Beschwerden möglich sein sollte, müssten im Planungsverfahren Anpassungen getroffen werden, um solche kostspieligen Abläufe künftig zu vermeiden. Die bereits erwähnte parlamentarische Initiative von Ständerat HOFMANN zielt in diese Richtung.

Konflikt zwischen nationalen und lokalen Interessen

Die Verbände und die Stadt Zürich verlangten in ihren Beschwerden flankierende Schutzmassnahmen in der Stadt Zürich wegen befürchteten lokalen Mehrverkehrs. Nun ergibt sich der Zielkonflikt nur aus dieser lokalen Sicht, die den Mehrverkehr auf bestimmten innerstädtischen Strassen rügt, jedoch das überlokale, ja nationale Gesamtbild ausblendet – eine Sichtweise, die durch kleinräumliche UVP gefördert wird. Durch die Schliessung der beiden interdependenten Autobahnlücken Westumfahrung Zürich und Knonaueramt A4/A20 werden in vielen Siedlungsgebieten südlich von Zürich wesentliche Verkehrsentlastungen erwartet, so dass eine Gesamtbilanz der Luft- und Lärmbelastung durchaus auch positiv ausfallen könnte. Zudem wird die Westumfahrung selbst innerhalb der Stadt Zürich gewisse Quartiere stark von Verkehr befreien. Der Blick der Umweltschützer ist somit nicht einmal stadtlokal, sondern quartierlokal.

Diese von der herrschenden Grenzwertpolitik geförderte Neigung zugunsten des Lokalen im Konfliktverhältnis «lokal gegen national» könnte man als ökologische Optimierung nach dem «Pareto-Prinzip» der Ökonomie sehen. Danach dürften in einer Gesellschaft nur noch solche Projekte durchgeführt werden, die niemanden ökologisch schlechter stellen. Die Forderung der Umweltverbände nach flankierenden Schutzmassnahmen in bestimmten Stadtquartieren Zürichs war an sich keineswegs unbegründet und von den zuständigen Behörden auch nicht bestritten. Pareto-Optimalität lässt sich durch Entschädigung der «Opfer» einer Massnahme durch die Begünstigten erreichen. In extremer Auslegung kann es aber die Gesellschaft teuer zu stehen kommen, wenn die rechtsstaatlichen Institutionen es zulassen, dass Projekte von nationaler Bedeutung durch punktuelle lokale Interessen blockiert werden. Die Entsorgungsprobleme bei den nuklearen Abfällen und die eskalierende Fluglärmproblematik sind weitere eindrückliche Beispiele für solche volkswirtschaftlich schädlichen Blockaden.

«Clash» der Leitbilder: Eurogate Zürich

Verhandlungsmacht durch Terminrestriktionen
Triumph von Zürich-Seldwyla
Verkehrte Ökologie: gegen die eigenen Grundsätze
Geringschätzung der demokratischen Institutionen

Gescheitertes Jahrhundertprojekt

Die geplante Grossüberbauung Eurogate über den Geleisebrachen am Hauptbahnhof Zürich mit einem Investitionsvolumen von etwa 1,5 Milliarden Franken durchlief seit Beginn vor über 20 Jahren mehrere kritische Phasen. Es liegt in der Natur derart grosser und komplexer Bauvorhaben, dass zusätzliche Störfaktoren leicht zum technischen oder wirtschaftlichen Scheitern führen. Das Projekt wurde mehrmals abgeändert und optimiert. Geplant war schliesslich eine funktional gemischte Geleiseüberbauung mit:
- 250 000 m^2 Nutzfläche für Dienstleistungen aller Art,
- ca. 5000 Arbeitsplätzen,
- einem Hotel und Kongresszentrum,
- 500 Wohnungen und
- mindestens 643 Parkplätzen.

Beschwerden des VCS (Sektion Zürich) verhinderten in der projektkritischen Schlussphase gezielt den termingerechten Abschluss der Verträge zwischen Bauherrschaft/Investoren und den SBB. Der VCS hielt trotz kritischen Terminzwängen an seinen Beschwerden beim Bundesgericht fest, einer materiellen gegen das Verkehrskonzept (Parkplatzbewirtschaftung) und einer formellen (Vorwurf der Umgehung des Beschwerderechts).

Das Vorhaben lief am 30. April 2001 auf Grund, als der mit dem Dachverband VCS (Schweiz) ausgehandelte Beschwerderückzug nicht zum abgesprochenen Zeitpunkt bei der Projektträgerschaft eintraf, was den Rückzug der SBB auslöste. Die Realisierung des Projekts wäre zwar danach rechtlich und bautechnisch weiterhin möglich gewesen, erschien aber wirtschaftlich gemäss UBS und SBB wegen Mehrkosten aus technischen Gründen im Zusammenhang mit BAHN 2000 nicht mehr vertretbar. Inzwischen bestätigte auch der Bundesrat auf Anfrage im Parlament offiziell, dass die Grundeigentümerin SBB Eurogate endgültig aufgegeben hat.

Potenzierte Verhandlungsmacht

Die Komplexität des Projekts, auch bedingt durch die Verbindung mit den Arbeiten für den neuen Zürcher Durchgangsbahnhof und die BAHN 2000, ist für die Fallbeurteilung wichtig, weil das Verbandsbeschwerderecht in einem solchen Umfeld besonders dramatische Wirkungen entfalten kann. Dass der VCS vor allem in der Schlussphase für das Scheitern von Eurogate eine entscheidende Rolle spielte, ist dokumentiert. Der Fall zeigt exemplarisch, wie die Komplexität eines Projekts und terminliche Restriktionen die Macht von beschwerdeberechtigten Verbänden unverhältnismässig erhöhen.

Im Lauf der Informationsbeschaffung zum Fall Eurogate betonten Beteiligte – selbst von Seiten der Projektträgerschaft und der projektfreundlichen Behörden –, das Scheitern des Vorhabens sei nicht allein den VCS-Beschwerden zuzuschreiben. Das Projekt hätte auch andere Mängel gehabt; selbst die Wirtschaftlichkeit sei zum Schluss immer wieder in Frage gestellt worden. Dies ist sicher zutreffend, doch droht eine solche Sichtweise die Wirkung der Verbandsbeschwerde zu verharmlosen. Man würde ja auch nicht die Verantwortung einer medizinischen Fachperson, die den Infusionskatheter

Chronologie

1979 bis 1985	Die Bauherrschaft CITY IMMOBILIEN AG reicht beim Stadtrat das Projekt «HB Südwest» zum Vorentscheid ein; der Stadtrat entscheidet zustimmend. Die Volksinitiative «Bahnhofüberbauung so nicht» wird abgelehnt.
1988 bis 1995	Erlass des eingereichten Gestaltungsplans. Das Referendum gegen den Gestaltungsplan wird abgelehnt. Für und gegen das Projekt HB Südwest wird auf allen politischen Ebenen gekämpft. Mit der Rezession kommt das Projekt zum Stillstand.
1996 bis 1998	Ein neues Baugesuch wird unter dem Namen Eurogate eingereicht. Die Stadt erteilt eine Baubewilligung mit 121 Seiten Auflagen. Die Bauherrschaft rekurriert gegen die Baubewilligung an den Zürcher Regierungsrat. Der Regierungsrat fällt Rekursentscheide weitestgehend zugunsten der Bauherrschaft. Die Stadt und der VCS erheben Einsprache beim Verwaltungsgericht (sog. Parkplatzbeschwerde). Nach dem Wechsel im Hochbaudepartement der Stadt erfolgt die Sistierung des Verfahrens.
1999 bis 2000	Die Arge Eurogate wird gebildet, um das Projekt neu zu lancieren. Stadt, SBB, Architekt und Bauherrschaft treffen eine Vereinbarung, um rasch eine Baubewilligung für ein gestrafftes Projekt Eurogate zu erwirken. Die UBS übernimmt von der EUROGATE ZÜRICH AG das Projekt. Als Investorin sieht sie attraktive Anlagemöglichkeiten speziell für institutionelle Kunden. Die Bausektion erteilt eine bereinigte Baubewilligung mit maximal 891 Parkplätzen. Der VCS rekurriert beim Regierungsrat gegen die Baubewilligung aus formellen Gründen. Der VCS lehnt Verhandlungen ab. Der Regierungsrat beschliesst, wegen Fristverletzung auf den Rekurs des VCS nicht einzutreten. Der VCS gelangt an das Verwaltungsgericht. Die Bauherrschaft beantragt beim Verwaltungsgericht, das sistierte Verfahren betreffend Parkplatzbeschwerde von 1998 wieder aufzunehmen und den Rekurs als gegenstandslos abzuschreiben.
2001	Zwischen Stadtbauamt und VCS findet eine Aussprache statt. Das Verwaltungsgericht weist die VCS-Beschwerde wegen Fristüberschreitung ab. Der VCS zieht den Fall weiter ans Bundesgericht. Zwischen Eurogate und VCS wird unter der Schirmherrschaft der Stadt verhandelt, insbesondere über die Parkplatzbewirtschaftung. Der Beschwerdeverzicht des VCS trifft am 30. April erst nach der vorgängig vereinbarten Frist ein. Die Projektträger begraben Eurogate.

entfernt, mit dem Hinweis relativieren, der betroffene Patient hätte ohnehin Fieber und neige zu Schwächeanfällen.

Die Projektpromotoren setzten in der kritischen Endphase auf Verhandlungen mit dem beschwerdeführenden VCS, weil der zeitlich aufwendige und mit Unsicherheiten belastete Rechtsweg, trotz intakten Erfolgsaussichten vor Bundesgericht, die Realisierung des komplexen und mit Terminvorgaben belasteten Projekts verunmöglicht hätte. Unter dem Druck massiver Kritik in Politik und Medien fand sich der VCS nach anfänglicher Verweigerung Anfang 2001 doch noch zu Verhandlungen bereit. Ende April 2001 liefen verschiedene für die Realisierung des Projekts notwendige Verträge aus, und es hätte bis dahin insbesondere der Baurechtsvertrag mit den SBB unterzeichnet werden müssen. Daraus ergaben sich die Terminrestriktionen, die in der Endphase der Auseinandersetzung mit dem VCS Zürich eine kritische Rolle spielten.

Diese Terminsituation hatte die Verhandlungsmacht des VCS somit beträchtlich verstärkt. Als Hebel dienten die vor dem Bundesgericht hängigen Rekurse in Kombination mit dem Terminkorsett. Die engen Terminrestriktionen nützte der VCS zur kompromisslosen Durchsetzung seiner Interessen aus:

- Ablehnung von Verhandlungen, da es sich bei der «bereinigten Baubewilligung» um eine formelle Frage handle, die zuerst geklärt werden müsse, obwohl in der ausgehandelten Baubewilligung alle materiellen Forderungen des VCS erfüllt waren.
- Empfehlung an die Bauherrschaft, auf die mit der Stadt ausgehandelte Bewilligung zu verzichten und im Abänderungsverfahren um eine neue Bewilligung nachzusuchen.

Mit der formellen Beschwerde ging es dem VCS darum, seine Stellung als zwingend zu begrüssender Verhandlungspartner im Baubewilligungsverfahren höchstgerichtlich feststellen zu lassen. Die Berechnung der bewilligten Parkplätze unter geänderten Nutzungsverhältnissen war somit nicht der eigentliche Stein des Anstosses für den VCS, da jede neue Nutzungszuweisung in Abweichung von den rechtskräftig bewilligten 643 Parkplätzen einer rekursfähigen Bewilligung der Baubehörde bedurft hätte. Der VCS wollte aber die Selbstbindung der Baubewilligungsbehörde durch eine privatrechtliche Vereinbarung und die damit verbundene Erhöhung der Parkplatzzahl rechtlich beurteilen lassen. Das Risiko des Scheiterns eines ökologisch beispielhaften Projekts nahm der Umweltverband VCS in Kauf. Mit anderen Worten: die formelle Frage der Machtsicherung dominierte die umweltpolitische Sachfrage.

In den Verhandlungen zeigte der VCS ein unvorhersehbares Verhalten. Gemäss Medienberichten wurde das Nachgeben in einer Sache jeweils durch neue Forderungen kompensiert. In dieses Verhaltensschema passte der Schlusspunkt, als der VCS Zürich am entscheidenden 30. April 2001 die vorgängig getroffenen Abmachungen der Projektpromotoren mit dem VCS Schweiz betreffend Beschwerderückzug unterlief.

Ein untrügliches Zeichen für die Verschiebung behördlicher Macht zu den Verbänden ist die Verhandlungssprache des VCS. Dieser Verband verwendet heute eine praktisch rein verwaltungsjuristische Sprache. Der folgende Auszug aus einer Medienmitteilung des VCS Zürich vom 6. April 2001 wurde schon zu Beginn zitiert, verdient aber eine Wiederholung: *«[...] gesteht der VCS der Bauherrschaft eine Verdoppelung der Wohnungsparkplätze [...] zu.»* Und: *«Hier erhöht der VCS die Parkplatzzahl um mehr als 10 Prozent im Rahmen des Baubeschlusses 1997, wenn entsprechende Änderungen in der Baubewilligung ausgewiesen sind.»*

Problematisch und bezeichnend für solche unerwarteten und fragwürdigen Entwicklungen des Verbandsbeschwerderechts sind drei Aspekte:

Provisorium statt Städtebau: Vergeudeter Raum im Schnittpunkt des öffentlichen Verkehrs

- Der VCS masst sich eine parabehördlichen Rolle an und benützt die Sprache der Behördenjuristen als Zeichen der Professionalität, um in der zunehmend verrechtlichten Gesellschaft ernst genommen zu werden.

- Die Behörden stören sich an der Verschiebung behördlicher Aufgaben und Macht an Verbände nicht; das Verhältnis zwischen organisierten «Gesellschaftskontrolleuren» inner- und ausserhalb des Staates wird symbiotisch, was sich in der gemeinsamen Sprache ausdrückt.

- Die Sensibilität in Medien und beim Publikum für diesen sprachlichen Ausdruck einer problematischen Verschiebung politischer Zuständigkeiten ist gering. Der Prozess ist schleichend und wird deshalb kaum wahrgenommen.

Kompensation oder Erpressung?

Die Erfahrungen im Umgang mit dem VCS in den Verhandlungen führten dazu, dass seitens der Bauherrschaft und selbst in den Medien von erpresserischem Verhalten die Rede war. Die materielle Hauptforderung des VCS in dem bei solchen Projekten üblich gewordenen «Parkplatzkrieg» war die rechtlich gesicherte Parkplatznutzung einschliesslich der Verwendung von Erträgen aus der Parkplatzbewirtschaftung im Umfang von rund 2 Millionen Franken pro Jahr für den öffentlichen Verkehr im Einzugsgebiet von Eurogate. Der VCS hatte nach Angaben der Promotoren zuerst einen x-fach höheren Betrag gefordert; vor allem daraus wurde seitens der Projektträger der Vorwurf der Erpressung abgeleitet.

Kompensationen als Entschädigung für Umwelteingriffe können im Prinzip sinnvoll sein, doch lassen die Umstände von Entschädigungsverhandlungen in vielen Situationen kein optimales Ergebnis über die Kompensationshöhe erwarten. Im Fall Eurogate ging es in der Sache um eine offenbar notwendige Anpassung der Linienführung einer Tramlinie. Die hohe ursprüngliche Forderung des VCS zeigt: Das Aushandeln einer Abgeltung zwischen Projektträgern und Verband droht sich bei einem Grossprojekt von den angemessenen Grössenordnungen der Projektfolgen für die Umwelt bzw. hier für das Tram vollkommen zu lösen. Der hohe potenzielle Schaden, der aus der Behinderung des Projekts entstehen kann, ermöglicht dem Verband, überhöhte Forderungen zu stellen, die in keinem Verhältnis zum umweltpolitisch gerechtfertigten Kompensationsbedarf stehen.

Gegen die eigenen Grundsätze

Dass der Fall Eurogate für den VCS eine viel mehr macht- als umweltpolitische Auseinandersetzung war, zeigt sich auch daran, dass das Grossprojekt

Dörfligeist in der Grossstadt

Die kleinräumlichen Strukturen der Schweiz prägen die siedlungsplanerischen Vorstellungen. Ortsplanungen sind nicht selten in nostalgischen Vergangenheitsbildern fest gefügter Dorfgemeinschaften verankert. Bezeichnend sind Beispiele von stark gewachsenen Agglomerationsgemeinden, die als Kernsatz ihres ortsplanerischen Leitbilds die «Erhaltung eines dörflichen Charakters» formuliert haben. Selbst in den grossen Schweizer Städten haben Visionen von kleinräumig vernetzten Siedlungs- und Bevölkerungsstrukturen viele Anhänger.

Die Verhältnisse in Zürich, der grössten Schweizer Stadt, lassen sich als Muster auch für andere Städte anführen. Städtebaulicher Ausdruck dieser Vorstellung ist die zonenplanerisch verbreitete Vorgabe von funktional gemischten Überbauungen, wie man sie heute etwa im ehemaligen Industriegebiet im Stadtkreis 5 realisiert. Damit soll jene Art von Dörflichkeit erreicht werden, die sich aus kurzen Distanzen zwischen Wohnen, Arbeiten und Freizeit ergibt. Ob damit allerdings auch die erhoffte Einsparung an Mobilität und Umweltbelastung erreicht wird, ist fraglich, weil Mobilität für die typischen Bewohner dieser nicht gerade kostengünstigen Quartiere zum Lebensstandard gehören dürfte. Zudem ist funktionale Durchmischung latent konfliktanfällig; wenn man etwa an Lärmimmissionen denkt, sind Wohnen und Freizeit nur beschränkt verträglich.

Städtische Dörflichkeit wird aber besonders in den früheren Arbeiterstadtkreisen 3 und 4 kultiviert, die von fundamental-links-grünen Stadtbewohnern geprägt sind. Diese propagieren, oft aus einer antikapitalistischen Grundhaltung, kleinräumliche Strukturen, bewegen sich fast durchwegs autofrei und fühlen sich in eng geknüpften sozialen Netzen auf Quartierebene wohl. Im wirtschaftlichen Verkehr sind typischerweise auch diverse Formen von Tausch- und Beziehungsgeschäften bis hin zur Selbstversorgung verbreitet, was stark an vergangene, sozusagen vorkapitalistische Zeiten erinnert. Dass ein international ausstrahlendes Grossprojekt wie Eurogate mit solchen Vorstellungen von Stadtstrukturen in Konflikt gerät, kann nicht verwundern. Planerisch eingeengte dörflich-kleinräumlich geprägte Leitbilder vertragen sich schlecht mit den Visionen einer Welt des permanenten Wandels, der für spontane Suchprozesse nach neuen Lösungen Bedingungen braucht, die man etwas diffus «strukturelle Offenheit» nennen könnte.

So stehen oft grundsätzliche Leitbilddivergenzen an der Wurzel von Konflikten in der Umweltpolitik. Doch wie immer man sich zu den unterschiedlichen urbanen Lebensformen stellt, es gilt in Städten mit metropolitanem Anspruch beides zu ermöglichen: lokales Leben und internationales Dienstezentrum. Die Toleranz des Nebeneinander müsste aber auch von ökologisch Engagierten eingefordert werden, denn erst diese metropolitanen Zentren sichern überhaupt die ökonomische Basis für alternative Lebensformen in anderen Stadtquartieren.

geradezu mustergültig die publizierten siedlungs- und verkehrsplanerischen Grundsätze des VCS erfüllt hätte: 5000 Arbeitsplätze sowie Wohnungen und Dienstleistungen am Hauptbahnhof. In der VCS-Broschüre «Einkaufszentrum kontra Einkauf im Zentrum» wirbt der VCS für «bahnhofnahe Standorte zwecks Verkehrsreduktion», und dies sogar mit dem Hinweis auf zwei praktische Fälle mit einem enormen Umsteigeeffekt auf den öffentlichen Verkehr. Dort liest man: *«Die Kantone sollen in ihren Richtplänen ausschliesslich zentrumsnahe Entwicklungsschwerpunkte an den Schnittstellen des öffentlichen Verkehrs definieren»* [VERKEHRSCLUB DER SCHWEIZ 2001].

Eurogate ist der bisher wohl gewichtigste Musterfall einer ökologisch widersinnigen Nutzung der Verbandsbeschwerde. So droht der Umweltgesetzgebung eine Verkehrung ins Gegenteil, wenn in Anknüpfung an eine punktuelle Grenzwertregel (wie die Parkplatzzahl) ein Grossprojekt erschwert oder gar verhindert werden kann, das aus einer ganzheitlichen Systemsicht ökologisch positiv zu werten ist.

Gegen Volksentscheid und Stadtbehörden

Die lokale Gegnerschaft einer Grossüberbauung am HB Zürich – etwas plakativ ausgedrückt das links-grün-alternative Lager – war in zwei Volksabstimmungen unterlegen. Die Stadtbehörden setzten sich vehement für Eurogate ein. Das Vorhaben war demokratisch legitimiert und politisch abgesegnet. Doch das Verbandsbeschwerderecht mit seinen ökologisch fragwürdigen punktuellen Anknüpfungskriterien erlaubte der Geschäftsführung einer lokalen Verbandssektion, im Kern bestehend aus zwei professionellen Verbandsbeschwerdeexperten, den inzwischen rituellen «Parkplatzkrieg» anzuzetteln und ein potenziell standortprägendes Milliardenprojekt gegen klare politische Mehrheiten doch noch zu Fall zu bringen.

Das Verhalten des VCS in den Auseinandersetzungen um Eurogate lässt kaum Zweifel zu, dass der VCS fundamental gegen das Projekt kämpfte. Bei diesem ökologisch sinnvollen Projekt eines multifunktionalen städtischen Entwicklungsschwerpunkts ging es den Verbandsbeschwerdeprofis und der von ihnen vertretenen Minderheit nicht um einige Parkplätze mehr oder weniger und wohl primär auch nicht um die Umwelt, sondern vor allem um die Verhinderung eines «kapitalistischen» Grossprojekts. Nachdem die Gegnerschaft von Eurogate ihr Pulver demokratiepolitisch verschossen hatte, verblieb die Beschwerde als letztes und schliesslich erfolgreiches Mittel der Projektverhinderung durch eine militante Minderheit.

Der Fall Eurogate hat dem Ruf der Verbandsbeschwerde, trotz dem Erfolg der Beschwerdeführung, wohl mehr geschadet als genützt. Die Verbände sind gegenwärtig damit beschäftigt, ihr Verhalten in solchen Verfahren zu überprüfen und gewisse Regeln aufzustellen. Die Empfehlungen des BUWAL-Gutachtens zur Verbandsbeschwerde nennen Ansatzpunkte für eine stärkere Verpflichtung auf einen Verhaltenskodex. Damit sollen Verhandlungen mit beschwerdeberechtigten Organisationen für Bauherrschaften besser prognostizierbar gemacht werden. Aufgrund der Eurogate-Erfahrung stellt sich allerdings die Frage, wie ein Verhandlungskodex bei Fundamentalopposition Nutzen bringen soll. Die Verbände entscheiden, ob verhandelt wird oder nicht. Der Anreiz zu verhandeln wird zudem immer kleiner, je mehr die Handlungsspielräume durch eine verallgemeinerte Anwendung von immer restriktiveren behördlichen Vorgaben und Entscheiden sowie von gerichtlichen Urteilen eingeengt werden.

Abschreckendes Beispiel für Investoren

Für Eurogate waren rund 60 Millionen Franken an Planungskosten auf Seiten der Projektträgerschaft abzuschreiben, die sich auf verschiedene

Aktionäre und Beteiligte verteilen. Das Scheitern eines Grossprojekts wie Eurogate sendet aber auch ominöse Signale über Zürich hinaus. Besonders kritisch sind solche Botschaften, wenn die Ursachen und die Historie des Scheiterns bekannt werden: der lange und unsichere Marsch durch alle möglichen Instanzen. Eurogate illustriert, wie das Verbandsbeschwerderecht diesen Marsch zu einem für Investoren untragbaren Risiko machen kann. Ein neues Projekt stünde vor dem gleichen hindernisreichen Weg durch die Instanzen. Es ist nach den Erfahrungen mit Eurogate höchst fraglich, ob ein solches Vorhaben in Zürich noch Investoren finden würde. Die «NZZ» schrieb dazu in ihrer Ausgabe vom 2. Mai 2001: *«[...] Die Bedingungen, die der VCS laufend stellt und weiterhin stellen kann, weil noch zahlreiche Bewilligungen für so genannte Nebenschauplätze nötig sind, können einen Investor zweifellos mürbe machen. Zürich ist letztlich weder der einzige noch der attraktivste Ort, um Investitionen zu tätigen.»*

Blockierte Stadtrevitalisierung: Baufachmarkt Grüze Winterthur

Konflikt mit siedlungsplanerischen Zielen
Formalismus gefährdet die konkreten Verhältnisse des Einzelfalls
Ökologische Gesamtbilanz als Nebensache
Umsteigeillusionen beim öffentlichen Verkehr

Beschwerde gegen ein zonenkonformes Projekt

Der Grossverteiler MIGROS plant auf dem Areal Grüze in Oberwinterthur den Umbau der ehemaligen Betriebszentrale der früheren MIGROS-Genossenschaft Winterthur-Schaffhausen zu einem OBI-Baumarkt mit Gartencenter. Vorgesehen ist eine massgebliche Geschossfläche von 19 100 m^2. Zu den bereits bestehenden 350 Parkplätzen sind gemäss Baugesuch 223 zusätzlich geplant. Beim Grüze-Areal handelt es sich um eine innerstädtische Industriebrache, deren sinnvolle Umnutzung dem siedlungsplanerischen Ziel der Verdichtung nach innen dient. Die Stadtbehörden von Winterthur unterstützen verständlicherweise das Projekt mit grossem Elan. Gemäss UVB ist das Projekt zonenkonform und – mit den entsprechenden Auflagen – umweltverträglich und damit bewilligungsfähig. Zur Verbesserung der Verkehrsverhältnisse ist zudem die Realisierung eines Kreisels mit neuer Zufahrt vorgesehen.

Da der übliche Parkplatzkrieg mit weiteren Auseinandersetzungen um das Verkehrskonzept zu erwarten war, führte die Bauherrin im Vorfeld des Bewilligungsverfahrens ein Informationsgespräch mit dem VCS, jedoch aus Prinzip keine weiteren Verhandlungen. Gegen die Baubewilligung der Stadt

Chronologie

1998 Die MIGROS Ostschweiz als Bauherrin startet die Projektierung für einen Bau- und Heimwerkerfachmarkt.

1999 Nach Gesprächen mit den Stadtbehörden Winterthur stellt die MIGROS ein Gesuch um Erlass eines Vorentscheides für eine Umnutzung der bestehenden Betriebszentrale. Der Vorentscheid fällt positiv aus.
Die Hauptprojektierung und das UVB-Verfahren werden durchgeführt.

2000/2001 Die Bauherrschaft reicht bei der Stadt das Baugesuch ein, worauf die Baubewilligung erteilt wird.
Der VCS (Zürich) erhebt Rekurs gegen die Baubewilligung des Stadtrates mit dem Begehren, diese sei aufzuheben. Er rügt das mangelhafte Verkehrskonzept, insbesondere den zu befürchtenden motorisierten Mehrverkehr.

2002 Nach mehreren Interventionen seitens der Bauherrschaft wegen der zögerlichen Behandlung des Falles heisst der Regierungsrat des Kantons Zürich den Rekurs des VCS gut und bestätigt die Vorbehalte einer ungenügenden Erschliessung mit öffentlichen Verkehrsmitteln.
Die Stadt und die Gesuchsteller erheben gegen den regierungsrätlichen Entscheid Verwaltungsgerichtsbeschwerde.

2003 In Verhandlungen zwischen Stadt und Bauherrschaft wird die maximale Parkplatzzahl für beide Areale nördlich und südlich der Industriestrasse weiter auf 425 Parkplätze reduziert. Für das Areal Süd verbleiben noch 234 Abstellplätze zur Realisierung.
Der VCS spricht sich gegen eine Änderung des Baugesuchs aus und verlangt eine neue Baueingabe.
Der VCS lehnt die neu vereinbarte Limite von 425 Parkplätzen ab und besteht auf der Zusammenlegung der beiden Areale.

erhob der VCS prompt Rekurs. Darin rügte der Verband die zu hohe Zahl der bewilligten Parkplätze und die ungenügende Erschliessung mit öffentlichen Verkehrsmitteln, obwohl das Gebiet bereits heute mit zwei städtischen Verkehrslinien erschlossen ist und die Stadt eine weitere Verbesserung plant. Der VCS bemängelte die Ergebnisse der UVB und verlangte einen Verzicht auf neue Parkplätze sowie eine Reduktion der Zahl der bereits bestehenden. Zudem wurden eine rigorose Parkplatz-Bewirtschaftung, Heimlieferdienst und Massnahmen zur Verbesserung der öV-Erschliessung verlangt. Das Projekt ist gegenwärtig blockiert, da der Zürcher Regierungsrat den VCS-Rekurs schützte. Dagegen erhoben die Bauherrschaft und die Stadt Winterthur Beschwerde beim Verwaltungsgericht. Das Verfahren ist zum jetzigen Zeitpunkt hängig bzw. sistiert.

Um das Vorhaben zu retten, hat die Bauherrschaft zwischenzeitlich mit der Stadt eine weitere Reduktion der Parkplatzzahl und ein angepasstes Verkehrsregime mit erhöhter Finanzierung des öV-Ausbaus aus der Parkplatzbewirtschaftung ausgehandelt. Der VCS akzeptiert dieses Verhandlungsergebnis nicht und besteht darauf, seine Forderungen in einer direkten Vereinbarung mit der MIGROS zu regeln. Zudem bekämpft der VCS materiell sowohl die ausgehandelte Zahl der Parkplätze als auch formell die entsprechende Baugesuchsänderung und verlangt eine neue Baueingabe. Entspricht die Stadt diesem Begehren, was zurzeit noch offen ist, bedeutet dies einen kompletten Neubeginn von Planung und Projektierung. Die Bauherrschaft hätte damit zusätzlich zur Beitragsleistung an den Ausbau des öffentlichen Verkehrs eine Verfahrenswiederholung, einschliesslich aller damit verbundenen Einspracherisiken, hinzunehmen. Wenn die Stadt lediglich die Projektanpassungen publiziert und auf eine Neueingabe verzichtet, riskiert sie eine Verfahrensbeschwerde des VCS.

Stadterneuerung vor umweltrechtlichen Hürden

Die ehemals blühende Industriestadt Winterthur ist heute durch Desindustrialisierung als landesweit bekanntes Revitalisierungsgesamtprojekt ein interessantes städteplanerisches Studienobjekt. Der Strukturwandel bietet trotz allen Anpassungsopfern auch enorme Chancen der Stadtentwicklung und -erneuerung. Winterthur zeigt jedoch beispielhaft, welch formidable Hürden hierzulande Projekte grösseren Ausmasses zu überwinden haben. Einerseits fehlt seitens der öffentlichen Hand eine ganzheitliche städtebauliche Vision – ein Mangel, der auch mit der eingeengten objektorientierten Sicht des umweltrechtlichen Vollzugs zusammenhängt. Für Grossareale haben Projektträger kaum überwindbare planungsrechtliche Hürden zu gewärtigen. Anderseits bergen aber auch die theoretisch realisierbaren Projektvolumina Investitionsrisiken, die in der heutigen Wirtschaftslage kaum mehr tragbar sind. Ein Paradebeispiel einer solchen Doppelbürde ist das SULZER-Areal mit dem Projekt «Megalou», das 1996/97 mit einem enormen Planungsaufwand initialisiert wurde, letztlich aber an der unabsehbaren Risikokumulation gescheitert ist.

Welche spezifisch umweltrechtlichen Hindernisse dem Prozess der Stadtentwicklung und -erneuerung im schweizerischen Rechtsstaat mit seiner Institutionen- und Instanzenvielfalt im Wege stehen können, zeigt auch dieser Fall exemplarisch. Die Revitalisierung einer innerstädtischen Industriebrache durch ein Projekt, das die bisherige Umweltbilanz des Standorts verbessert, wird durch eine vom Zürcher Regierungsrat geschützte Verbandsbeschwerde vorderhand verhindert.

Die Ausweichmöglichkeiten, die der schweizerische Föderalismus in solchen Fällen eröffnet, haben zwar durchaus ihren anekdotischen Reiz, sind aber raumplanerisch und ökologisch nicht immer optimal. Im Nachbarkanton Thurgau wirkt offenbar im Vollzug noch kein Pendant zum zürcherischen

Parkplatzkrieg statt Umnutzung: Machtspiele unter der Drohung der Verbandsbeschwerde

§ 237 PBG betreffend die Erschliessung mit dem öffentlichen Verkehr. Deshalb stünde der MIGROS als Bauherrin für ein Alternativszenario auch eine Art Vorbildprojekt zur Nachahmung zur Verfügung: Ein neues Postpaketzentrum der POST steht heute auf der grünen Wiese am Stadtrand der nicht weit entfernten thurgauischen Kapitale Frauenfeld statt mit entsprechenden Standortvorteilen auf einer Industriebrache in Winterthur.

In der Interventionsspirale

Der Fall Grüze eignet sich vorzüglich zur Illustration der Folgen einer eigendynamisch-interventionistischen Umweltpolitik. Das System eines bis ins

Detail konkretisierten Umweltrechts erweist sich in formalistischer Auslegung als überdeterminiert und kann deshalb auch kontraproduktiv wirken. Untergeordnete Ziele mit Mittelcharakter – z.B. Parkplatzzahlen – geraten in Konflikt mit dem übergeordneten Anliegen des Umweltschutzes. Die Verbandsbeschwerdeführer halten sich in legalistischer Militanz an die instrumentellen Vorgaben. Die fallweise Klärung untergeordneter Aspekte, trotz einer zum vornherein einsichtigen ökologischen Gesamtbilanz, beschäftigt in der Folge zahlreiche Akteure und rechtliche Instanzen, droht mehrere Jahre zu dauern und vernichtet so ohne Sanktionen für die Verursacher volkswirtschaftliche Werte. Gerichtliche Instanzen mit ihrer Neigung zum Rückgriff auf mehr oder weniger passende Präzedenzfälle der Rechtssprechung fördern in Wechselwirkung mit behördlicher Regulierungsautomatik die Verschärfungsdynamik.

Gerichtliche Instanz war in diesem Fall der Zürcher Regierungsrat. Dieser, genauer wohl der meinungsbildende verwaltungsinterne Beschwerdesachbearbeiter, stützte seine Argumentation im Beschwerdeurteil gegen die Baubewilligung auf zwei Präzedenzfälle für Bauvorhaben in Adliswil und Dietikon (Kanton Zürich). Dort hatte das Bundesgericht Verbandseinsprachen mit dem Verweis auf eine entsprechende Bestimmung im Zürcher Planungs- und Baugesetz (§ 237 Abs.1 PBG) geschützt.

So dreht sich die eigendynamische Verschärfungsspirale im Zusammenspiel von Rechtssetzung, privaten und staatlichen Vollzugsakteuren und Rechtsprechung. Immer mehr planerische Vorgaben werden in diesem Prozess konkretisiert und durch Gerichts- und Behördenentscheidungen zu quasi verbindlichen standardisierten Baubewilligungskriterien für vergleichbare Fälle. Dabei gerät aber das wichtige juristische Prinzip in Gefahr, wonach – stets unter Beachtung des Gleichbehandlungsprinzips und Willkürverbotes – die konkreten Verhältnisse des Einzelfalles zu berücksichtigen sind. Im vorliegenden Fall zielt denn auch die Argumentation der Rekursführenden –

der Stadt Winterthur und der MIGROS – vor allem auf die mangelnde Vergleichbarkeit der vom Regierungsrat angeführten Bundesgerichtsentscheide. Gerügt wird, die Auslegung von § 237 Abs. 1 des Zürcher Planungs- und Baugesetzes (PBG) habe in keiner Weise die konkreten Verhältnisse und Rahmenbedingungen des Einzelfalles berücksichtigt, obwohl dem Regierungsrat die Unterschiede zu den Beschwerdefällen «Adliswil» bzw. «Dietikon» bekannt seien, insbesondere:

Andere Verkehrsintensitäten — Bezüglich Publikums- und Verkehrsintensität unterscheidet sich ein Baufachmarkt erheblich von einem Multiplexkino mit Restaurants (Adliswil) oder von einem gewöhnlichen Verbrauchermarkt (Dietikon).

Verdichtung nach innen — Beim Grüze-Areal handelt sich um eine innerstädtische Industriebrache, nicht um unbebautes Land bzw. um eine «grüne Wiese».

Verbesserte Umweltbilanz — Das Projekt ist kein überdurchschnittlicher Emittent, im Gegenteil; der UVB zeigt, dass sich die Umweltbilanz im Vergleich zur früheren Nutzung verbessert. Dies dürfte auch im Vergleich mit einer rechtlich zulässigen Fremdnutzung zutreffen, die im Falle einer Projektverhinderung droht – so auch etwa, wenn das Areal durch nicht-UVP-pflichtige kleinere Projekte überbaut wird.

Durch öffentlichen Verkehr gut erschlossen — Die Anbindung an den öffentlichen Verkehr ist bereits erheblich besser als in den Vergleichsfällen und ist gemäss Stadtplanung weiter im Ausbau.

Illusionäre Umsteigeeffekte von Zwangsmassnahmen — Die zwangsweise Umlenkung des privaten Motorfahrzeugverkehrs auf öffentliche Verkehrsmittel durch Parkplatzreduktion und Ausweitung des öv-Angebots auf Vorrat funktioniert bei einem Bau- und Heimwerkerfachmarkt noch weniger als bei Projekten wie denen von Adliswil oder Dietikon.

«Parkplatzkrieg» trotz guter Umweltbilanz

Der Umweltverträglichkeitsbericht zeigt, dass die Umnutzung der ehemaligen Betriebszentrale zu einem Baufachmarkt zu einer Reduktion der Umweltbelastung gegenüber dem früheren Zustand führt. Trotzdem eröffnete der VCS die üblichen Auseinandersetzungen um Parkplatzzahlen. Dabei fällt in der Baubewilligung eine Kompromissasymmetrie auf: die bewilligte Parkplatzzahl von insgesamt 500 liegt deutlich näher beim kantonalen Wegleitungsminimum von 452 als beim -maximum von 652. Wie das Bundesgericht im Urteil zu einem Beschwerdefall «Schlieren» festgestellt hat, haben Gemeinden bei der Festlegung der Parkplatzzahl einen Ermessensspielraum, da Wegleitungen nur empfehlender Charakter zukommt. Diese Asymmetrie bei der Ausnützung des behördlichen Ermessensspielraums scheint zur Regel geworden zu sein, denn sie lässt sich auch in anderen Fällen nachweisen.

Das Verhalten des VCS ist die logische Konsequenz aus der kantonalen Vorgabe zur Berechnung der zulässigen Parkplatzzahl. Je besser die Erschliessung mit öffentlichen Verkehrsmitteln, desto geringer ist nach kantonaler Wegleitung die bewilligte Parkplatzzahl. Nun rügt der Verband zuerst die ungenügende Erschliessung mit öffentlichem Verkehr – inzwischen mit Munition aus Bundesgerichtsurteilen – und fordert einen Ausbau, in der Regel durch Quersubventionierung aus Erträgen der Parkplatzbewirtschaftung. Wenn diese Forderungen scheitern, nimmt der VCS auch den Projekttod in Kauf – Umweltbilanz hin oder her. Sind die Forderungen erfolgreich, kommt die kantonale Parkplatzwegleitung zur Anwendung, die zu einer Reduktion der Anzahl Parkplätze zwingt, weil jetzt die Erschliessung mit dem subventionierten öffentlichen Verkehr besser geworden ist – eine schöne Illustration der Interventionsspirale unter Beteiligung mehrerer Akteure (Verband, Behörde, Gerichte), die sich aufeinander beziehen. So ist man heute bei einer Beschwerdemechanik angelangt, die als Ausfluss eines in den konkreten Auswirkungen kaum prognostizierbaren Vollzugsregimes mit ganzheitlichem Umweltdenken nicht mehr in Einklang zu bringen ist.

Umsteigeillusionen

Bei einem Baufachmarkt hat die Verbesserung des Angebots des öffentlichen Verkehrs nur sehr begrenzte Umsteigewirkungen. Für die Konsumenten ist die Wahl des Verkehrsmittels eine Frage des Komforts. Die üblichen sperrigen Güter, die in einem Baumarkt eingekauft werden, lassen sich nur schwer in öffentlichen Verkehrsmitteln transportieren. Mit Zwangsmassnahmen wie einer völlig realitätsfremden Beschränkung der Parkplätze erreicht man höchstens, dass die Leute woanders einkaufen, und dies logischerweise meist an entfernteren Standorten – ökologisch kaum sinnvoll.

Solche Ansätze, das Umsteigen auf den öffentlichen Verkehr zu erzwingen, verdienen grundsätzliche Kritik. Der Irrtum beginnt bei den bürokratischen Fiktionen über das Mobilitätsverhalten der Bevölkerung und die Beeinflussungsmöglichkeiten. Nach diesen Vorstellungen soll die Unterbindung des Privatverkehrs die Nachfrage nach dem öffentlichen Verkehr schaffen. Gleichzeitig verlangen die Befürworter solcher Zwangskonzepte den Ausbau des öffentlichen Verkehrs auf Vorrat nach dem planwirtschaftlichen Prinzip «zuerst das Angebot, dann die Nachfrage». So ein Ansatz ist höchstens mit einer Gesellschaft kompatibel, in der die Menschen keine (Konsum-)Alternativen haben. Funktionieren tut dies aber auch dort nicht, wie man aus einem verlustreichen historischen Realexperiment lernen kann, das vor gut 13 Jahren aus guten Gründen grandios gescheitert ist.

Mehrkosten und kein Ende in Sicht

Selbst wenn das Urteil des Regierungsrats durch das Verwaltungsgericht korrigiert werden sollte, droht der Weiterzug ans Bundesgericht. Ausgang und Zeitdauer der Rechtsverfahren sind schwer abschätzbar. Bei einem Weiterzug an das Bundesgericht muss für ein Urteil mit einem Zeithorizont von zwei bis drei Jahren gerechnet werden. Ob die MIGROS als Bauherrin eine solche Verzögerung durchstehen will und am Projekt festhält, ist vorwiegend eine wirtschaftliche Frage, die im Vergleich mit alternativen Nutzungen des Areals und mit anderen Standorten für den Baumarkt entschieden wird.

Die Leerstandkosten ohne Kapitalkosten für die Liegenschaft Grüze belaufen sich gemäss Angaben der zuständigen Stellen der MIGROS auf jährlich etwa 200 000 Franken. Dazu kommen Kosten für Planungsverzögerungen, Rechtsverfahren, Beweisführungen, Nachweise von Projektannahmen, Wiederholung von Behördenabklärungen sowie Zusatzaufwendungen für Projektänderungen. Für die Berechnung der Opportunitätsverluste ist im wesentlichen die nicht realisierte Bau- und Anlageninvestition von Bedeutung. Die Nutzungseinbussen erstrecken sich auf die nicht realisierbaren Nettoerträge aus der Investition. Die Schaffung von zusätzlichen Arbeitsplätzen und die daraus resultierende Wertschöpfung fallen bei diesem Projekt dagegen weniger ins Gewicht. Für den Investor und Betreiber verbleibt eine reduzierte Wettbewerbskraft und tiefere Standortqualität.

Mit Zwang und Moratorien zu einer besseren Welt?

Grundsätzliche Konflikte bestehen in der Umweltpolitik nicht nur über Ziele, sondern auch bezüglich der einzusetzenden Mittel. In der Broschüre «Einkaufszentrum kontra Einkauf im Zentrum» [VCS 2001] propagiert der VCS raumplanerische Ideen für die Standortwahl von Einkaufszentren. Leitgedanke ist die «nachhaltige Siedlungsentwicklung» – ein eher diffuser Begriff, der mit unterschiedlichen Inhalten gefüllt werden kann. Für Einkaufsstandorte wünscht sich der VCS «ein feinmaschiges Netz von ökomobil erreichbaren Verkaufsstellen». Damit ein Kursbus des öffentlichen Verkehrs selbst pro Passagier jedoch «ökomobiler» wird als ein modernes Auto, muss der Bus zwangsweise gefüllt werden.

Kollektivistisches Gedankengut erscheint quer durch die genannte Publikation. Das liest sich zum Beispiel so: *«Es ist Sache der Behörden, die Rahmenbedingungen so zu ändern, dass das Kollektivinteresse mehr berücksichtigt wird.»* Da ist zu fragen: welches oder wessen Kollektivinteresse? Es gibt nicht nur ein «Kollektiv», sondern widerstreitende Gruppeninteressen. An anderer Stelle der Publikation trifft man auf einen Tonfall, der an Berichte in DDR-Zeitungen erinnert: *«Die einzelnen KonsumentInnen können sehr wohl [...] als Kollektiv [...] wünschen, dass das örtliche Angebot gegen die Grosskonkurrenz geschützt wird.»* Da wird sich das örtliche Gewerbe dem KonsumentInnen-Kollektiv sicher spontan anschliessen. Der unerfüllte Wunsch nach einem einsichtigeren Kollektiv verleitete die Verbandsautoren schliesslich noch zu folgender Aussage: *«[...] würden viele wohl zwingende Verhaltensänderungsmassnahmen begrüssen, wenn sie über die entsprechenden positiven Auswirkungen [...] gut informiert wären.»* Doch welche übergeordnete Instanz höheren Wissens bestimmt, was als positiv zu gelten hat und welcher Zwang und allenfalls wie viel davon ausgeübt werden soll?

Zur Sprache des kollektiven Zwangs passt die Ideologie der Moratorien. Die Vorliebe von Umweltverbänden für staatlich verordnete Moratorien und Plafonierungen ist auch publiziert. In der genannten VCS-Broschüre finden sich, insbesondere bei den Kernthemen des VCS, an verschiedenen Stellen Vorschläge für eine volkswirtschaftlich und gesellschaftspolitisch fragwürdige «Deckel drauf»-Politik. Typische Beispiele sind etwa die Forderung nach Plafonierung bzw. Eindämmung des motorisierten Individualverkehrs sowie ein Moratorium für Grossmärkte.

Während der Dauer solcher Moratorien erhoffen die verschiedenen Kontrahenten oft, durch nicht immer transparente Vorkehren einen Vorteil für später herauszuholen. Solche Moratoriumsvorstellungen stehen aber in einem grundsätzlichen Konflikt mit der Konzeption einer Gesellschaft im Wandel, die Freiräume braucht, um sich – nicht zuletzt ökologisch – fortzuentwickeln. Moratorien stellen in einer sich wandelnden Gesellschaft ein Ausweichen vor Entscheiden dar. In einer demokratischen Gesellschaft gibt es auch ein «Recht auf Entscheide».

Wildbienen beim Flughafen: Airport Business Park Rümlang

Kantonale Behörden übertrumpfen den VCS
Suboptimale Ausweichstrategien
Zu enge Systemgrenzen in der Verkehrsplanung

Statt 50 000 nur 18 000 m² Bürofläche

Auf dem Areal «Bäuler», in Sichtweite zum Flughafen Zürich Kloten, befindet sich der Standort der projektierten Büro- und Geschäftsüberbauung «Airport Business Park». Das betreffende Grundstück liegt auf dem Gemeindegebiet von Rümlang (Kanton Zürich), direkt an der Grenze zu Opfikon-Glattbrugg in einem im kantonalen Richtplan ausgeschiedenen Zentrumsgebiet, wo bereits zahlreiche Gewerbe-, Büro und Verwaltungsbauten stehen. Der Autobahnanschluss Nordring, zwei S-Bahn-Stationen und ein Linienbus gewährleisten eine gute Verkehrsanbindung. In rund acht Jahren kann eine direkte öV-Erschliessung mit der im Februar 2003 vom Zürcher Volk bewilligten Glatttal-Stadtbahn mit eigener Haltestelle auf dem Projektareal realisiert werden.

Ursprünglich planten die Projektträger eine dreiteilige Büro- und Geschäftsüberbauung mit einem Investitionsvolumen von rund 240 Millionen Franken, umfassend 50 800 m² Büroflächen, 380 m² Einkaufsflächen, 310 m² für Gastbetriebe, Unterhalts- und Lagerflächen sowie 442 Parkplätze; insgesamt sollten rund 2000 Arbeitsplätze entstehen. Da das betreffende Arbeitsplatzgebiet mit öffentlichen Diensten unterversorgt ist, enthielt das Projekt die Vorgabe für eine Grundversorgung mit Verpflegung, Take-aways und Einkaufsmöglichkeiten für den Grundbedarf. Die Realisierung eines funktional durchmischten Vorhabens ist an diesem Standort volkswirtschaftlich und raumplanerisch sinnvoll und wertet die ganze Umgebung auf.

Die UVP-Pflicht war aufgrund der Parkplatzzahl gegeben und damit auch der «Grenzwert» für Verbandsbeschwerden überschritten. In Antizipation des unvermeidlichen Parkplatzkriegs führten die Projektträger mit dem VCS erste Gespräche über das Verkehrskonzept und die Parkplatzbewirtschaftung. Als dann die Büroüberkapazitäten weiter anstiegen und die kantonalen Umweltbehörden die maximal zulässige Parkplatzzahl noch über die vom VCS vorgeschlagene Zahl hinaus reduzieren wollten, beschloss die Projektträgerschaft, das Vorhaben um fast zwei Drittel auf eine monofunktionale Überbauung mit noch rund 18 000 m² Büroflächen, jedoch ohne zusätzliche Dienste zu verkleinern. Geplant sind im reduzierten Projekt noch 300 Parkplätze, womit die UVP-Pflicht gerade vermieden wird. Die Baubewilligung liegt vor, doch wurde mit dem Bau noch nicht begonnen. Eine etappenweise Erstellung des ursprünglichen Vorhabens ist kaum möglich, weil sonst die UVP-Pflicht wieder aufersteht. Die Verwendung des Restareals ist noch offen.

Amt und Verband im Restriktionswettbewerb

Da das ursprüngliche Projekt wegen der Parkplatzzahl UVP-pflichtig war, latent somit die Verbandsbeschwerde drohte, ergab sich das bei solchen Vorhaben üblich gewordene Zwangsritual von Verhandlungen mit den Verkehrs- und Beschwerdeexperten vom VCS über die Parkplatzbewirtschaftung und das Verkehrskonzept. Die Projektträger gingen zunächst von einer optimalen Parkplatzzahl von 1000 aus (2000 Arbeitsplätze mit einem Modal-Split von 50 Prozent), was gemäss kommunaler Parkplatzverordnung zulässig gewesen wäre. Sie stimmten dann in Verhandlungen mit

Chronologie

1999	Es wird ein Architektenwettbewerb für die Planung der ursprünglichen Gesamtüberbauung durchgeführt.
2000	Der Umweltverträglichkeitsbericht (UVB) – Grundlagenbereitstellung, Voruntersuchung und Hauptuntersuchung wird erarbeitet. Die Bauherrschaft wählt das zu realisierende Projekt aus dem Wettbewerb. Das Baubewilligungsprojekt wird weiterbearbeitet. Die kantonalen Behörden prüfen die UVB-Voruntersuchung. Die Projektträger verhandeln mit dem VCS (Zürich) betreffend Mobilitätskonzept und Parkplatzbewirtschaftung.
2001	Das Baugesuch und der UVB für das ursprüngliche Gesamtprojekt geht an die Gemeinde. Die Bauherrschaft bricht die Verhandlungen mit dem VCS ab. In der UVB-Beurteilung durch die kantonale Koordinationsstelle Umweltschutz wird empfohlen, die Parkplatzzahl für das Gesamtprojekt weiter zu reduzieren. Das alte Projekt wird eingestellt, und es beginnt die Projektierung für ein verkleinertes Teilprojekt mit 300 Parkplätzen. Für das Teilprojekt erfolgt die Baugesuchseingabe bei der Gemeinde.
2002	Die Gemeinde erteilt die Baubewilligung für das verkleinerte Teilprojekt. Die erteilte Baubewilligung wird nach Ablauf der Einsprachefrist rechtskräftig. Die Projektträger beschliessen den endgültigen Rückzug des ursprünglichen Gesamtprojekts.

den Gemeindebehörden und dem VCS einer Reduktion auf zuerst 650, dann – auf Druck des VCS – auf sogar nur noch 420 zu.

Die Beurteilung des UVB durch die kantonale Koordinationsstelle Umweltschutz der Baudirektion führte dann zur Empfehlung an die Gemeinde, die Parkplatzzahl sogar auf 347 Einheiten zu begrenzen. Ein Auszug aus der Beurteilung des UVB durch die kantonale Umweltschutzbehörde lautet wie folgt: *«Die Fachstelle Lärmschutz und die Abteilung Lufthygiene empfehlen der Bewilligungsbehörde im Sinne der Vorsorge die Parkplatzzahl zu überprüfen und zu reduzieren, damit das induzierte Verkehrsaufkommen möglichst gering gehalten wird.»*

Die gegen unten offene Formulierung des Ziels, das induzierte Verkehrsaufkommen möglichst gering zu halten, widerspiegelt die Neigung der zuständigen Behörden zu absoluten Denkweisen. Möglichst gering wäre eigentlich null, doch ist zum Tarif null in dieser unvollkommenen Welt der Knappheiten und der unvermeidlichen Trade-offs nichts zu haben. Zudem hat man sich an gewisse Vorgaben zu halten, wie ein weiterer Auszug aus der Beurteilung des UVB durch die kantonale Umweltschutzbehörde betreffend «Erschliessungsgüte» zeigt: *«Mit der Inbetriebnahme der Stadtbahn wird die Erschliessungsgüte wesentlich verbessert. Damit kann gemäss UV-Bericht die Parkplatzzahl angemessen reduziert werden.»*

Die Behörde verlangt jedoch damit, dass bereits heute die maximal zulässige Parkplatzzahl aufgrund der zukünftigen «Erschliessungsgüte» nach Inbetriebnahme der erst ab etwa 2010 operierenden Stadtbahn festzulegen sei. Dabei bewegt sich das kantonale Amt mit den empfohlenen 347 Parkplätzen am unteren Ende der möglichen Parkplatzzahl gemäss kantonaler Wegleitung. Wie im Fall Grüze bereits ausgeführt, ist diese Asymmetrie in der behördlichen Auslegung der eigenen Bandbreiten und Ermessenspielräume heute vermehrt zu beobachten. Daran ändert auch die verbale Flexibilität nichts, welche die folgende amtliche Formulierung verströmt: «*Die Mobilitätskonzeption soll eine optimale Mobilitätslösung für den ‹Airport Business Park› garantieren, welche die Luft- und Lärmbelastungen minimiert und gleichzeitig den Bedürfnissen der zurzeit noch unbekannten Mieterschaft am besten entspricht.*»

Die Bedürfnisse der zurzeit noch unbekannten Mieterschaft sind, kaum überraschend, noch wenig bekannt. Das Mobilitätskonzept müsste also so flexibel sein, dass den Bedürfnissen der Mieter dannzumal Rechnung getragen werden kann. In der Praxis laufen aber Verhandlungen mit Verbandsrepräsentanten nicht auf solche Flexibilität hinaus, wie die harten und juristisch auf Jahrzehnte hinaus fixierten Bewirtschaftungsregimes für Parkplätze beweisen. Typisch an diesen Konzepten ist das Misstrauen gegenüber Marktprozessen und, daraus folgend, die Forderung nach einer planwirtschaftlichen Zwangslenkung des Individualverkehrs. Doch wer weiss denn heute schon, wie ein individuelles Verkehrsmittel in 15 Jahren aussieht? Und wenn die Stadtbahn eine wirklich attraktive Alternative zum privaten Verkehrsmittel darstellt, sind spontane Umsteigewirkungen zu erwarten, so dass sich eine Parkplatzkontingentierung und -bewirtschaftung nach den Vorstellungen der gemischten staatlich-privaten Planungsbürokratie weitgehend erübrigen sollte.

Schädliche Ausweich- und Vermeidungsstrategien

Das Bäuler-Areal liegt in einem richtplanerisch bezeichneten Zentrumsgebiet für verdichtete Nutzung. Auch dieser Fall illustriert den latenten Konflikt zwischen dem siedlungsplanerischen Anliegen der Siedlungsentwicklung nach innen und den umweltrechtlich begründeten Restriktionen der individuellen Mobilität. Vorwiegend aus wirtschaftlichen Gründen beschlossen die Projektträger, das Projekt auf etwa einen Drittel des ursprünglichen

Ankündigung für kleineres Projekt: Schlankes Verfahren dank Vermeidung von Beschwerden

Volumens zu reduzieren. Die einschneidenden behördlichen UVP-Auflagen mit negativen Auswirkungen auf die Wirtschaftlichkeit des ursprünglichen Projekts erleichterten diesen Entscheid. Der Projektverkleinerung fallen die Einkaufsflächen und die Gastbetriebe zum Opfer. Damit muss das wichtige Anliegen einer besseren Grundversorgung des ganzen Quartiers aufgegeben werden.

Eine zeitlich gestaffelte Überbauung des Geländes in Etappen wird wegen der drohenden UVP-Pflicht, wie an anderen Standorten bereits zu beobachten, möglicherweise so projektiert werden, dass eine gestalterische und funktionale Einheit zwischen den einzelnen Objekten nicht mehr gegeben ist. Dies lässt sich beispielsweise durch Änderungen in der Verkehrserschliessung, getrennte Parkhauszufahrten oder durch gestalterische Differenzierung erreichen. Auch unterschiedliche Eigentümer von benachbarten Anlagen dienen der funktionalen Trennung, so dass Verkäufe und Rückmietungen als Umgehungsstrategie, manchmal auch mit negativen Umweltwirkungen, zu beobachten sind.

Die Fragmentierung von funktional gemischten Gesamtüberbauungen auf grösseren Arealen hat sich in jüngerer Zeit zu einem neuen Konfliktschwerpunkt entwickelt. Umgehungsstrategien sind umso lohnender, je schädlicher der auslösende (staatliche) Eingriff in die private Handlungsfreiheit ist. Zudem laden natürlich fixe Vorgaben wie diejenigen der UVP-Verordnung geradezu zu Vermeidungsverhalten ein. Auf diesem neuen Kampffeld ist nun der VCS bestrebt, bei räumlich benachbarten Anlagen möglichst viel an funktionalen Zusammenhängen zu konstruieren, um grössenmässig UVP-Schwellen zu erreichen, während Projektträger gegenteilige Interessen verfolgen. In absehbarer Zeit wird wohl das Bundesgericht einen Richtungsentscheid zu fällen haben, spätestens dann, wenn ein solcher Fall bis zur letzten Instanz weitergezogen wird. Dass es mit der rechtlichen Formalisierung via Richtungsentscheid in der bürokratischen Interventionsspirale damit ein Ende haben könnte, ist nicht zu erwarten, nur riskieren Vermeidungsstrategien dann wirtschaftlich, raumplanerisch und ökologisch noch absurdere Folgen zu zeitigen als heute. Die typische Konstellation lässt sich etwa anhand des aktuellen Falles «Hegimarkt» (Winterthur) illustrieren.

Verkehrsplanung im umweltrechtlichen Korsett

Im UVB berechnen die Verkehrsplaner aufgrund eines Verkehrsmodells den durch das Projekt induzierten Mehrverkehr mit dem Ziel einer optimalen Verkehrserschliessung. Hauptbezugsgrösse für diese Berechnungen ist die Parkplatzzahl – nach dem simplen Motto: jede Fahrt beginnt und endet auf einem Parkplatz. Die Verkehrsprognosen benützen einen eingeengten Blick

Zwei Einkaufszentren als funktionale Einheit?

In ihrer Ausgabe vom 15. Mai 2003 berichtete die «NZZ»: *«UVP für zwei Einkaufszentren gefordert: VCS-Rekurs gegen Neubau in Winterthur Hegi.»*

«Gegenüber dem neuen Media-Markt im Winterthurer Quartier Hegi möchte die Bauherrin und Grundeigentümerin Fincasa AG (Uitikon) ein zweites Geschäftshaus errichten. Der Verkehrsclub der Schweiz (VCS) hat gegen die Baubewilligung [...] Rekurs erhoben. Im Gegensatz zum Stadtrat stellt er sich auf den Standpunkt, dass die beiden Einkaufszentren als funktionale Einheit zu betrachten seien und auf Grund ihrer Grösse eine Umweltverträglichkeitsprüfung (UVP) durchgeführt werden müsse. [...] Im vergangenen Dezember hatte der Stadtrat noch die Ansicht vertreten, die beiden Projekte gehörten zusammen, weil die Bauherrschaft, der Architekt und die Nutzer dieselben seien und die Tiefgaragen über eine – von der Stadt aus verkehrstechnischen Gründen angeordnete – gemeinsame Abfahrt verfügten. Er forderte die Bauherrschaft deshalb auf, eine UVP für beide Projekte durchzuführen oder den Nachweis zu erbringen, dass zwischen den Gebäuden keine Abhängigkeiten bestehen.

Nach Auskunft von Bausekretär Fridolin Störi ist es der mit der Fincasa verbundenen Halter Generalunternehmung AG (Zürich) inzwischen tatsächlich gelungen, die beiden Zentren zu trennen. Die geplanten Lebensmittelgeschäfte dienten der Quartierversorgung. Auch das Möbelgeschäft spreche einen anderen Kundenkreis an als der Media-Markt. Zudem beabsichtige die Bauherrschaft, den «Hegimärt» zu veräussern. Die Baubewilligung sei zudem mit der Auflage verknüpft, dass die beiden Parkplatzanlagen trotz der gemeinsamen Zufahrt mit einer entsprechenden Parkraumbewirtschaftung konsequent getrennt würden. Wer einen Parkplatz im Neubau benütze, müsse dort eine codierte Karte lösen. Das Parkhaus verlassen könne der Kunde erst, nachdem er den Parkschein unter Vorlage eines Kaufbeleges an der Kasse des Zentrums «Hintermühle» neu habe codieren lassen. Wer dies unterlasse, müsse eine Strafgebühr von 20 Franken bezahlen. Diese Massnahme biete Gewähr, dass die Kundschaft getrennt werde.

VCS-Geschäftsführerin Gabi Petri bezeichnet dieses System als «nicht durchdacht und völlig untauglich». [...] Angesichts der gleichen Nutzung der beiden Zentren sei es äusserst schwierig, die Kunden voneinander zu unterscheiden. Da man den Mietermix vor allem nach einem Verkauf nicht vorschreiben könne, sei es nicht auszuschliessen, dass dereinst statt Lebensmittelläden für die Quartierbevölkerung beispielsweise ein Beate-Uhse-Geschäft einziehe, das Besucher aus der ganzen Ostschweiz anspreche. Weil der VCS hinterher keine Handhabe gegen solche unerwünschten Entwicklungen habe, müsse man grundsätzlich mit dem schlimmsten Fall rechnen. Auf Grund dieser Mängel sei er nicht darum herumgekommen, gegen das Projekt zu rekurrieren.»

auf die nahe Umgebung des Einzelprojekts. Folgewirkungen, die ausserhalb des räumlich eng definierten Systems anfallen, gehen nicht ins Kalkül ein. Eine solche Systemabgrenzung für die Verkehrsprognosen hat methodische Vorteile: weil die Wirkungsbeziehungen in der Realität zu komplex sind, vereinfacht man sie so weit, dass die Methoden genügen. So wird mit technokratischer Planungsakribie, die natürlicher Ausfluss der herrschenden Umweltbürokratie ist, eine Planungsrationalität vorgetäuscht, die sich gar nicht erreichen lässt.

Wie bereits erwähnt, ist das betreffende grosse Arbeitsplatzgebiet von Glattbrugg in jeder Beziehung mit Grunddiensten unterversorgt, weshalb das ursprüngliche Projekt die Vorgabe für eine Grundversorgung mit Verpflegung, Take-aways und Einkaufsmöglichkeiten für den Grundbedarf enthielt. So fielen bei einem Vorhaben wie dem «Airport Business Park» mit Einrichtungen der Grundversorgung für das ganze Quartier auch Effekte der Verkehrsvermeidung jenseits der Systemgrenzen ins Gewicht. Wer gleich am Arbeitsplatz einkaufen und sich verpflegen kann, erspart sich die dafür notwendigen Fahrten ausserhalb der Systemgrenzen.

Verlorener Sinn für die Proportionen

Der UVB enthält auch eine Lebensraumbeurteilung aus botanischer und zoologischer Sicht. Die beauftragten Flora-/Fauna-Experten kamen zum Schluss, es handle sich beim Bäuler-Areal um durchschnittliches Intensivkulturland ohne naturschützerische Bedeutung. Doch stellten sie fest: «*Eine Ausnahme bildet der bemerkenswerte Ackerlandstreifen, welcher attraktive Nistmöglichkeiten für verschiedene Wildbienenarten und ein gutes Nahrungsangebot für verschiedene Blütenbesucher und andere Insekten bietet [...] Der Strassenrand entlang der Bäuler-Strasse mit seinem ruderalen Charakter stellt für das nördlich angrenzende Gebiet einen Ausweichstandort für Tiere und*

Pflanzen dar, bietet ein gewisses Samenpotenzial und weist ein gutes Nahrungsangebot für Wildbienen auf.»

Die Expertise forderte, bei der Überbauung des Bäuler-Areals sei für den Ackerrandstreifen quantitativ und qualitativ mindestens ein gleichwertiger Ersatz zu schaffen. Die kantonalen Behörden ergänzten die Expertise mit einer Massnahmenempfehlung. Die Fachstelle Naturschutz riet, die Detailplanung und die Umgebungsgestaltung für Flora und Fauna von einer Fachperson durchführen bzw. begleiten zu lassen.

Die fortschreitende Bürokratisierung der Umweltpolitik lässt sich auch an diesem Muster gut illustrieren. Es ist doch widersinnig, auch in intensiv genutzten Zentrumsgebieten auf jeder Hektare – natürlich nicht kostenlos – den Status quo von Fauna und Flora erhalten zu wollen. Um die Proportionen zurechtzurücken: Wirksame Massnahmen zugunsten der Artenvielfalt in Fauna und Flora wären in grossen landwirtschaftlich genutzten Flächen viel kostengünstiger zu realisieren (gewesen), doch war dies während Jahrzehnten politisch nicht opportun und deshalb kein Thema. So könnte der bäuerliche Nutzer des Bäuler-Areals auch heute noch ohne Zustimmung irgendeines Amtes oder Experten bis an den Strassenrand pflügen, und es gäbe keinen «bemerkenswerten Ackerlandstreifen», und niemand würde ausgerechnet an diesem Standort Wildbienen schützen wollen.

Der Sinn für die Proportionen droht abhanden zu kommen, wenn man so nahe an eine Sache herangeht, dass man nichts anderes mehr wahrzunehmen vermag, weil alles Übrige aus dem Blickfeld verschwindet. Zum Beispiel die grossen reichhaltigen Biotope in unmittelbarer Nähe am Rande des Flughafens. Nur dies zur Erinnerung: Haben denn irgendwelche Umweltexperten die überraschend vielfältigen Biotope an den Autobahnböschungen geplant?

Je mehr Mess-, Zähl- und Prüfungsaufwand auf einem vermuteten gesellschaftlichen Problemfeld betrieben wird, desto mehr Probleme gibt es. Dann droht der Gesellschaft das in der Fachliteratur noch wenig bekannte «Logopädietherapeuten-Syndrom». Bekanntlich nimmt seit dem Aufkommen dieser neueren Berufsgattung auch die Zahl der sprachgestörten Kinder zu. Das «Logopädietherapeuten-Syndrom» lässt sich auch auf vielen anderen Gebieten der mess-, prüf- und zählfreudigen Sicherheitskultur der heutigen Wohlstandsgesellschaft beobachten.

Heimatschutz am falschen Objekt: Kreuzplatz Zürich

Allein gegen alle, auch gegen Volksbeschlüsse
Im Konflikt mit dem eigenen Verhaltenskodex
Maximalsanktion: 5000 Franken Gerichtsgebühr

Viel Sympathie für Abbruchobjekte

Am Nordrand des Kreuzplatzes in Zürich entsteht gegenwärtig eine Neuüberbauung mit Geschäften und Wohnungen. Mit dem Bau konnte erst nach jahrzehntelangen Auseinandersetzungen um die Neugestaltung des Platzes im Sommer 2002 begonnen werden. Der Kreuzplatz liegt in attraktiver Zentrumslage, etwa 1 km vom Finanz- und Geschäftszentrum, in Nachbarschaft zu besten Wohnquartieren der Stadt. Eine optimale Erschliessung durch den öffentlichen Verkehr ist gegeben. Eine Vermietung zu wirtschaftlich interessanten Bedingungen ist an dieser Lage problemlos zu realisieren.

Es handelt sich um ein relativ kleines Projekt. Eine Umweltverträglichkeitsprüfung war nicht notwendig, das Umweltschutzgesetz (USG) spielte keine Rolle. Das Projekt erforderte hingegen, dass eine Gruppe von 16 teilweise noch kleingewerblich genutzten Häusern abgerissen werden musste. Das dörflich anmutende Ensemble war im 18./19. Jahrhundert für Kleinhandwerker und Taglöhner gebaut worden und hatte im Quartier beträchtliche Sympathien. Der emotionale Widerstand aus dem Quartier gegen das Neubauprojekt nährte sich nicht zuletzt aus dem Gefühl dörflicher Gemeinschaft, das ein solches Überbleibsel aus der «guten alten Zeit» verströmt.

Chronologie

1985	Der Stadtrat beschliesst, auf eine Unterschutzstellung der Häuser zu verzichten. Dieser Beschluss bildet die rechtliche Grundlage für die weitere Planung der Neugestaltung des Areals.
1990	Der (neu gewählte) Stadtrat entscheidet sich für eine Unterschutzstellung des Gevierts am Kreuzplatz. Die Baurekurskommission hebt diesen Beschluss wieder auf. Der Stadtrat und der HEIMATSCHUTZ ziehen das Verfahren durch alle Instanzen bis vor Bundesgericht weiter (staatsrechtliche Beschwerden).
1993	Das Bundesgericht entscheidet gegen Stadtrat und HEIMATSCHUTZ und hebt die Schutzverordnung von 1990 auf. Das Gericht spricht dem HEIMATSCHUTZ die Beschwerdelegitimation ab.
1998	Stadt- und Gemeinderat genehmigen den privaten Gestaltungsplan der Bauherrschaft. Quartiervereine, der Verein «Denk-mal Kreuzplatz» und andere obsiegen im Referendum gegen den Gestaltungsplan.
1999	Der Gemeinderat stimmt der Aufhebung der Kernzone und der Rückzonung des Areals in eine Wohnzone zu. Der HEIMATSCHUTZ erhebt Einsprache gegen die Aufhebung der Kernzone.
1999	Es beginnen Verhandlungen am «runden Tisch», die zur Unterzeichnung einer Vereinbarung zwischen den beteiligten Akteuren führen. Der anfänglich beteiligte HEIMATSCHUTZ steigt im Verlauf der Verhandlungen aus.
2000	Die Baurekurskommission weist den Rekurs des HEIMATSCHUTZES gegen die Aufhebung der Kernzone ab. Die Bausektion der Stadt Zürich erlässt für das Bauprojekt eine teilweise Baubewilligung. Der HEIMATSCHUTZ legt erneut Rekurs ein und zieht das Verfahren durch alle Instanzen bis vor Bundesgericht.
2001	Die Volksinitiative «Rettet den Kreuzplatz», die sich gegen das Neubauprojekt richtet, wird von den Stadtzürcher Stimmbürgern deutlich abgelehnt.
2002	Das Bundesgericht beschliesst, auf die Beschwerde des HEIMATSCHUTZES nicht einzutreten. Das Gericht tritt auch auf die Rügen des HEIMATSCHUTZES nicht ein, weil sie rechtlich ungenügend begründet seien.

Das politische, juristische und emotionale Engagement der Projektgegnerschaft war beträchtlich, aber schliesslich doch erfolglos. Der Gebäudegruppe fehlte nach Ansicht der zuständigen Experten die qualitative Substanz, um unter Denkmalschutz gestellt werden zu können. Die (mangelnde) denkmalpflegerische Schutzwürdigkeit der alten Häusergruppe war ein zentrales Kriterium für die weitere Nutzung des Areals. Als beschwerdeführender Verband versuchte der HEIMATSCHUTZ (SHS) mit allen Mitteln, das geplante Neubauprojekt zu verhindern und die Grundeigentümer zu zwingen, die alte (zu renovierende) Häusergruppe in ein Überbauungsprojekt einzubeziehen. Am Ende kämpfte der SHS, nach einer verlorenen Volksabstimmung, den praktisch aussichtslosen Kampf noch alleine weiter bis vor das Bundesgericht.

Ohne Beschwerdelegitimation gegen den Volkswillen

Der SHS ergriff ab 1991 Rechtsmittel, zuerst als «Komplize» des städtischen Hochbaudepartements. Nach Wahlen wurde dieses Departement neu besetzt, und die Stadtbehörden änderten ihre Haltung zum Projekt. Doch selbst als die angepasste Neugestaltung des Kreuzplatzes mit dem Bauprojekt die Zustimmung der Stadtbehörden und des Volkes fand, blieb der SHS bei seiner Ablehnung im Alleingang und entschied sich für den Rechtsweg. Die Parallele zum Fall Eurogate ist offensichtlich: wenn die demokratiepolitischen Mittel nicht greifen, bleibt der unterlegenen Minderheit dank dem Verbandsbeschwerderecht immer noch der Gang zum Gericht. Solange die Referendumsdemokratie nach dem eigenen Geschmack läuft, benützt man sie gerne. Wenn nicht, weicht man auf die Gerichte aus.

Allerdings brachte dies im Fall Kreuzplatz dem beschwerdeführenden Verband nur noch mehr Ärger. Das Bundesgericht musste den SHS zum x-ten Mal darauf hinweisen, dass er zur staatsrechtlichen Beschwerde nicht legitimiert sei; es trat deshalb weder auf die Beschwerde an sich noch auf die Rügen im Einzelnen ein. Dafür verhängte das Gericht die kostenmässige Maximalsanktion und auferlegte dem SHS die höchstmögliche Gerichtsgebühr von 5000 Franken.

Im Konflikt mit dem eigenen Verhaltenskodex

Der SHS verliess die Verhandlungen am «runden Tisch» der interessierten Parteien, die nach dem erfolgreichen Referendum gegen den Gestaltungsplan nach neuen Lösungen suchten, und entschied sich für weitere Opposition durch Rechtsmittel. Dieses Vorgehen, trotz geringen rechtlichen Erfolgsaussichten, erscheint nur schwer vereinbar mit den Vorstellungen über einen Verhaltenskodex für beschwerdeberechtigte Verbände, wie er gegenwärtig im erwähnten Projekt unter Federführung des BUWAL realisiert werden soll.

Der SHS publizierte im März 2002 – quasi in Vorwegnahme des genannten BUWAL-Projekts – eine Medienmitteilung, in der er unter dem Titel «SHS nimmt Verantwortung wahr» einen neu erarbeiteten Kodex für die Beschwerdeführung ankündigte. In der Pressemitteilung stand zu lesen: *«Der Kodex stellt die Unabhängigkeit des SHS sicher und verhindert einen Missbrauch des Beschwerderechts.»* Der Kodex ist auf der Homepage des SHS publiziert und enthält sechs Punkte, von denen im Zusammenhang mit dem Fall Kreuzplatz speziell der folgende Erwähnung verdient: *«Der SHS reicht keine aussichtslosen Einsprachen und Rekurse ein, die bloss das Ziel verfolgen, das Verfahren zu verzögern oder das Projekt zu verteuern.»*

Das Verhalten des SHS im Fall Kreuzplatz widerspricht diametral dem aufgeführten Passus des SHS-Kodex. Der SHS betrieb im Fall Kreuzplatz, ungeachtet von Volks-, Behörden- und Gerichtsentscheidungen, Fundamen-

Gewinn an öffentlichem Raum: Beschwerdedebakel des Heimatschutzes ermöglicht Neubau

talobstruktion. Seit 1991 erhielt der SHS in fünf Fällen vom Bundesgericht gleich lautende Rechtsbelehrungen über die Legitimationsvoraussetzungen der staatsrechtlichen Beschwerde. Dazu meinte das Bundesgericht: *«Dies hat den Beschwerdeführer nicht davon abgehalten, im vorliegenden Fall wiederum eine offensichtlich aussichtslose Beschwerde zu erheben.»*

Auf der Homepage des ZÜRCHER HEIMATSCHUTZES fand sich zum Bundesgerichtsurteil folgender Kommentar: *«Wenn die Stadtbehörde bei einem geschützten Freiraum-Grundstück, wie hier beim Artergut, ein Näherbaurecht ohne Ausgleich zugunsten der geschützten Artergut-Liegenschaft macht, wird dies leider beinahe bedenkenlos zugelassen, was juristisch und planerisch inkonsequent und falsch ist. Es liegt deshalb objektiv ein Urteilsmangel zu Lasten eines geschützten Freiraumes vor.»*

Dass für das Näherbaurecht Konzessionen durch Zurückversetzen der Gebäudefassade zugunsten des Kreuzplatzes gemacht worden sind, wird unterschlagen. Da stellt sich zwingend die Frage, was ein Verhaltenskodex, der eine gewisse Gesprächs- und Kompromissbereitschaft der Teilnehmenden voraussetzt, gegen die Unbelehrbarkeit von militanten Verbandsvertretern nützen soll. Dem erhofften Aufbau von «Sozialkapital», für die Verfechter und Anbieter von Mediationsdiensten die neue Zauberwährung, ist damit jedenfalls nicht gedient.

Schiefe Opferbilanz

In früheren Phasen des Projekts waren die Rekurse des SHS für Verzögerungen nicht ursächlich. Bei den direktdemokratischen Auseinandersetzungen um das Referendum gegen den Gestaltungsplan (1998) wirkte der SHS zwar mit, doch hat dies mit dem Verbandsbeschwerderecht direkt nichts zu tun. Ab 1999, nach seinem Ausstieg aus den Verhandlungen, hatten die Rekurse des SHS Verzögerungswirkung. Dabei beeinflusste jedoch auch die vom SHS mitgetragene Volksinitiative «Rettet den Kreuzplatz» den zeitlichen Projektverlauf. Erst nach Ablehnung der Volksinitiative im Herbst 2001 verursachte der Verband im Alleingang eine weitere Projektverzögerung durch die Beschwerden beim Verwaltungs- und beim Bundesgericht.

In einem marktwirtschaftlichen System sind Verluste von privaten Unternehmungen im Prinzip auch volkswirtschaftliche Verluste. Für die Projektträger fallen als Mehrkosten primär die entgangenen Erträge aus der verzögerten Nutzung der Neuüberbauung ins Gewicht. Diese Mehrkosten sowie andere mit den Beschwerden des SHS zusammenhängende Kosten sind bisher von der Projektträgerschaft nicht beziffert worden. Ein Fall wie derjenige des «Kreuzplatzes» sendet aber auch Signale an potenzielle Investoren über Zürich(-Seldwyla) hinaus. Es handelt sich zudem nicht einfach um einen exotischen Einzelfall, sondern er passt in eine ganze Serie von Verhinderungsgeschichten, die dem internationalen Standort Zürich schaden; der prominenteste Fall ist Eurogate.

Auch wenn für die Projektpromotoren und für Zürich als Wirtschaftsstandort und Lebensraum die negativen Folgen aus dem Widerstand des SHS nicht zahlenmässig zu fassen sind, lässt sich doch eine «Opferbilanz» ziehen. Sie fällt sehr unausgeglichen aus. Den oben genannten privaten und volkswirtschaftlichen Verlusten steht die bescheidene Sanktionierung eines auf der ganzen Linie unterlegenen Beschwerdeführers mit 5000 Franken gegenüber. Dies entspricht rund einem Viertel Promille der geschätzten Planungskosten von 20 Millionen Franken. Dabei war der SHS nicht einmal zur Beschwerde legitimiert, und dies war ihm bekannt, da er vom Bundesgericht schon zuvor wiederholt darüber belehrt worden war.

Planungsmarathon um einen Güterschuppen: Bahnhof Affoltern am Albis

Jahrelanges Hick-Hack um einen alten Güterschuppen
Verfahrenskosten 912 Franken 50 Rappen
Ideale Prinzipien – reales Verhalten

12 Jahre Planung – 2 ¼ Jahre Bauzeit

Am Wochenende des 28./29. September 2002 ging in Affoltern am Albis ein grosses Volksfest zur Einweihung des um- und ausgebauten Bahnhofs über die Bühne. Ein grosses Fest war dem Anlass durchaus angemessen, denn der betroffenen Bevölkerung war zuvor das Fegefeuer schweizerischer Planungs- und Bewilligungsverfahren inklusive Verbandsopposition durch den SHS nicht erspart geblieben. Seit Beginn der ersten Projektierungsarbeiten waren bis zur Eröffnung des erneuerten Bahnhofs sage und schreibe 14 Jahre vergangen – mit dem hierzulande nicht mehr ganz unüblichen krassen Missverhältnis zwischen Planungs- und Bauzeit. Für das relativ kleine Vorhaben mit einem Investitionsvolumen von bloss 23,5 Millionen Franken – der Umbau des Bahnhofplatzes eingeschlossen – wurde 12 Jahre lang geplant und projektiert.

Bauherrin war die SBB. Baulich ging es um die Erstellung neuer Perronanlagen mit niveaufreien Zugängen (Personenunterführung), den Ersatz des Stationsgebäudes durch einen Neubau und die Verbesserung der Platzverhältnisse, insbesondere für den Busbetrieb, durch Umbau des Bahnhofvorplatzes. Die ersten Planungsarbeiten für den Bahnhofausbau gehen ins Jahr 1988 zurück. Ende November 1989 bewilligte das Zürcher Volk einen Rahmenkredit für die zweite Teilergänzung der Zürcher S-Bahn. In diesem Programm war das Projekt des Bahnhofausbaus Affoltern enthalten. Affoltern ist als regionales Zentrum ein wichtiger Haltepunkt der S-Bahn und ein Busknotenpunkt. Betrieblich ermöglicht der inzwischen fertig gestellte Bahnhofausbau gleichzeitige Zugseinfahrten, womit die Stabilität des Fahrplans erhöht werden konnte – im Rahmen von Taktfahrplänen und komplexen Anschlusssystemen ein verkehrstechnisch und wirtschaftlich äusserst wichtiges Anliegen.

Das Bauvorhaben erforderte keinen Umweltverträglichkeitsbericht. Die SBB berücksichtigten jedoch Umweltaspekte so weit wie betrieblich möglich, was aus den Unterlagen der Projektplanung deutlich hervorgeht. Insbesondere versuchten die SBB, dem Anliegen des HEIMATSCHUTZES (SHS) entgegenzukommen, d.h., zwei nicht geschützte Zeugen aus früheren Epochen der Eisenbahn, nämlich einen Bahnhofgüterschuppen und eine Fussgängerpasserelle, zu erhalten. Der drohende Abbruch der beiden Objekte hatte den Widerstand des SHS mobilisiert. Die SBB führten mit den interessierten Parteien seit Projektierungsbeginn eingehende Diskussionen über die Problematik von Güterschuppen und Fussgänger-Passerelle. Die Ausarbeitung von nicht weniger als 16 Projektvarianten zeugt von diesen Bemühungen und vom guten Willen der Bauherrin. Als Ergebnis dieser aufwendigen Planung bestätigte sich am Ende doch, dass ein betrieblich optimiertes Projekt ohne Abbruch des Güterschuppens und der Passerelle wirtschaftlich nicht zu realisieren war.

Keines der beiden Streitobjekte – weder Güterschuppen noch Passerelle – war in Inventaren schutzwürdiger Bauten von Bund, Kanton, Gemeinde oder SBB aufgeführt. Immerhin bezeichnete die Denkmalpflegekommission des Kantons Zürich in einem Gutachten Güterschuppen und Fussgängerpasserelle als «Schutzobjekte von überkommunaler Bedeutung». Wie der Begriff «überkommunal» andeutet, ist jedoch die Schutzwürdigkeit kein objektives

Chronologie

1988 bis 1995	Das Zürcher Volk stimmt dem Rahmenkredit für die 2. Teilergänzung zu. Die Projektentwicklung erfolgt in drei Phasen mit unterschiedlichen Zielvorgaben. Die SBB erarbeiten verschiedene Vorprojekte mit der Komplikation, einen alten Bahngüterschuppen und eine Fussgängerpasserelle wegen möglicher Schutzwürdigkeit zu erhalten. Ein Vorprojektdossier mit 16 (!) Varianten wird eingereicht.
1995 bis 1997	Die Generaldirektion der SBB genehmigt das betrieblich optimierte Vorprojekt mit Abbruch des Güterschuppens und der Passerelle. Die SBB stellen an das Bundesamt für Verkehr (BAV) ein Gesuch zur Durchführung des Plangenehmigungsverfahrens. Planauflage in der Gemeinde Affoltern. Der Heimatschutz (SHS) erhebt Einsprache gegen den Abbruch von Güterschuppen und Passerelle. Der Zürcher Regierungsrat weist die Begehren des SHS ab.
1998	Die SBB unterbreiten die nachträglich überarbeiteten Pläne einer Projektänderung (neue Lage des Mittelperrons) – mit Einverständnis von Kanton und Gemeinde zur dieser Änderung – dem BAV zur Genehmigung. Die SBB liefern ihre Stellungnahme zu allen Einsprachen und Anträgen Dritter zuhanden des BAV ab. Das BAV genehmigt die Projektvorlage und weist alle Einsprachen, einschliesslich derjenigen des SHS, ab.
1999	Der SHS rekurriert beim Departement für Umwelt, Verkehr, Energie und Kommunikation (UVEK). Der SHS hält nach Augenschein und nach Stellungnahmen von SBB, Gemeinde und Kanton an seiner Beschwerde fest. Das UVEK weist die Beschwerde des Heimatschutzes vollumfänglich ab. Der Heimatschutz verzichtet auf einen Weiterzug des Verfahrens an den Gesamtbundesrat. Die Baubewilligung wird rechtsgültig.
2000 bis 2002	Der Bahnhof wird um- und ausgebaut. Eröffnung im September 2002

Mass, sondern ganz ausgeprägt von der Weite des Blickes abhängig. Je enger der Blick, desto mehr wird das einzelne Objekt zum Unikat und somit in diesem engen Blickfeld zu einem potenziell schutzwürdigen Objekt.

Hohe Schadensrisiken

Der Bahnhofausbau war für die Angebotsverdichtung der Zürcher S-Bahn, somit eines Vorhabens des öffentlichen Verkehrs, von zentraler Bedeutung. Bei Verzögerungen war deshalb mit volkswirtschaftlichen Verlusten zu rechnen. Der Einfluss der Opposition des SHS auf den Projektverlauf in der ersten Projektphase ist nur schwierig abzuschätzen. Wegen der Neubesetzung von Projektleitungsstellen bei der SBB im Laufe der Projektierung lässt sich der tatsächliche Projektverlauf bis 1998 weder aus schriftlichen Unterlagen noch aus mündlichen Quellen genau rekonstruieren. Tatsache bleibt, dass die SBB mit der Erarbeitung von 16 Projektvarianten heimatschützerischen Anliegen ausserordentlich entgegenzukommen suchten, auch unter Inkaufnahme von Verzögerungen und zusätzlichem Projektierungsaufwand.

Im Plangenehmigungsverfahren wurde in der zweiten Projektphase zunachst ein Baubeginn im Frühjahr 1998 und ein Eröffnungstermin auf den Fahrplanwechsel 2000 genannt. Im Sommer 1998 erfolgte dann eine bedeutsame, technisch bedingte Planänderung betreffend die Lage des Mittelperrons, was den Baubeginn weiter hinausschob. Das Beschwerdeverfahren des SHS führte bei den SBB natürlich zu gewissen Umtrieben und Mehrkosten, die aber nicht quantifiziert sind. Die Verfahrensdauer für die Beschwerde des Heimatschutzes gegen das endgültige Projekt betrug rund ein Jahr. Nach Einschätzung der SBB beeinträchtigte dies aber die Inbetriebnahme des umgebauten Bahnhofs nicht. Der zuständige Projektleiter hielt in seiner schriftlichen Projektchronologie fest: *«Die fast einjährige Verzögerung des Baubeginns, bedingt durch die Einsprache des Zürcher Heimatschutzes*

[…] hatte zum Glück keinen Einfluss auf den aus betrieblicher Sicht wichtigen Inbetriebnahmetermin.»

Dass es für Projektträger allerdings Glück braucht, um schädliche Folgen von Verzögerungen wegen hartnäckiger Verbandsopposition zu vermeiden, spricht nicht unbedingt für das Instrument der Verbandsbeschwerde. Der Fall zeigt auch exemplarisch, wie gewisse Verbände zur Durchsetzung ihrer ideellen Forderungen bereit sind, selbst öffentliche Bauherren unverhältnismässig hohen Schadenrisiken auszusetzen. Denn für den SHS war ja überhaupt nicht im Voraus absehbar, dass seine Beschwerde die geplante termingerechte Inbetriebnahme nicht verhindern würde. Diese Unsicherheit setzen Verbände ja gerade bewusst als Druckmittel ein.

Verfahrenskosten 912.50 Franken

Der Heimatschutz unterlag in den Rechtsverfahren vor allen Instanzen. Die geringen Erfolgschancen eines Weiterzugs beeinflussten den Entscheid des Heimatschutzes, das Verfahren nicht an den Gesamtbundesrat weiter zu ziehen. An Verfahrenskosten überband das UVEK dem Verband am Ende 912.50 Franken. Das Missverhältnis zu den möglichen volkswirtschaftlichen Kostenrisiken in einem praktisch aussichtslosen Verfahren ist eklatant: zahlreiche Schriftwechsel, Augenscheine, Protokolle, schriftliche Stellungnahmen, Urteilsfindung und die Inkaufnahme einer Verzögerung des Bahnhofumbaus bzw. des letzten von fünf Bahnhofanpassungen im Rahmen der zweiten Teilergänzung der Zürcher S-Bahn. Solche Kostenfolgen sind Einladungen zu Wiederholungstaten, selbst in praktisch aussichtslosen Fällen und gegen «den Rest der Welt», d.h. gegen alle anderen Parteien einschliesslich Kanton, Gemeinde und Volk.

Planungsluxus für kleinen Bahnhof: Nur mit Glück gerade noch rechtzeitig vollendet

Quer zum «Ehrenkodex»

Im Fallbeispiel Kreuzplatz wurde der vom Heimatschutz publizierte Verhaltensgrundsatz erwähnt, dass der Verband keine aussichtslosen Einsprachen und Rekurse einreiche, die bloss das Ziel verfolgten, das Verfahren zu verzögern oder das Projekt zu verteuern. Zum Zeitpunkt der Beschwerde gegen das Bahnhofprojekt Affoltern war dieser Grundsatz zwar noch nicht publiziert. Die Aufrechterhaltung einer offensichtlich aussichtslosen Beschwerde mit eindeutigem Verzögerungspotenzial wäre damit aber nur schwer vereinbar.

Eventualvorsätzlich, aber sanktionslos

Bei der Diskussion um die Kosten von Projektverzögerungen oder -verhinderungen ist zwischen effektiven und potenziellen betriebswirtschaftlichen bzw. volkswirtschaftlichen Interventionskosten zu unterscheiden. Die tatsächlichen Mehrkosten aus Verbandsinterventionen, so solche entstanden sind, lassen sich erst nachträglich feststellen. Für das Verhalten der Beteiligten sind jedoch die potenziellen Kostenfolgen aus Verzögerung oder Verhinderung relevant. Welches ist der (maximale) wirtschaftliche Einsatz, den eine Partei riskieren will?

Auf Seiten der Verbände, die nach offizieller Sicht öffentlichen Interessen verpflichtet sind, müsste die logische Frage lauten: Wie viel an volkswirtschaftlichen Werten sind Verbände bereit, für die Durchsetzung ihrer projektspezifischen Umweltanliegen aufs Spiel zu setzen? Die in Kauf genommenen potenziellen Kostenrisiken bei Projektträgern können natürlich viel höher ausfallen als die nachträglich festgestellten Mehrkosten. Das Verbandsverhalten wäre deshalb aufgrund der potenziellen volkswirtschaftlichen Kostenrisiken zu beurteilen. Aus einer solchen Sicht gerät man in die Nähe des Rechtsbegriffs des Eventualvorsatzes: Wer eine Handlung begeht und dabei wissentlich das Risiko schädlicher Folgen in Kauf nimmt (ohne dass diese eintreten müssen), kann wegen eventualvorsätzlichen Handelns bestraft werden. Beim Verbandsbeschwerderecht sind dagegen bei volkswirtschaftlich schädlichem Einsatz keine Sanktionen vorgesehen; die «ideellen» Motive der Verbände heiligen Mittel und Folgen.

Um das Bild über die engagiert idealistische Einstellung der heimatschützerischen Verbandsvertreter in diesem Fallbeispiel abzurunden, ist schliesslich ein besonderer Vorfall zu erwähnen. Der SHS präsentierte in der letzten Phase der Auseinandersetzungen auch eine eigene Studie zur Bahnhofsgestaltung. Um möglichst viel politische Wirkung zu erzielen, veröffentlichte der SHS gleichzeitig, und zwar eigenmächtig und unter Missbilligung des Gemeinderats von Affoltern am Albis, eine in dessen Auftrag erstellte, jedoch noch nicht zur Publikation freigegebene Studie.

Verbandsbeschwerden im Instanzenwald: Kleinskilift Pizol/Bad Ragaz

Verbandseinsprache ohne rechtliche Grundlage
Verfahrenskoordination: ein Kleinskilift beschäftigt 52 Amtspersonen
Verzögerungskosten 20 Prozent der Baukosten

Aus der «Chronik eines handfesten Skandals»

Dieser Fall lässt sich in treffender Kürze so charakterisieren: 21 Monate Verfahren – 1 ½ Monate Bauzeit. Die Peripetien der Bewilligungsverfahren durch den eidgenössischen Instanzenwald inklusive Verbandseinsprachen veranlassten die Projektpromotoren zu einer «Chronik eines handfesten Skandals», in der sie ihre Erfahrungen dokumentierten [SPORTBAHNEN BAD RAGAZ AG, ohne Jahr]. Die Darstellung der Ereignisse beruht auf dieser Dokumentation, während in der Interpretation gewisser Aspekte auch abweichende Standpunkte vertreten werden.

Die PIZOLBAHNEN AG planten 1998 den Bau eines Verbindungsskilifts im Skigebiet Pizol im Kanton St.Gallen. Das Projekt war Teil des regionalen touristischen Entwicklungskonzepts, das auch eine vom Kanton geförderte Kooperation und Vernetzung zwischen den Skigebieten von Wangs und Bad Ragaz anstrebte. Es ging um eine Anlage mit folgenden Eckwerten und Charakteristika:

- Kleinschlepplift von 850 Metern Länge
- Bausumme 0,5 Millionen Franken
- Bauzeit sechs Wochen
- acht Liftstützen

- 20 m² Wiese durch Beton überbaut
- 850 m² Vegetationsverlust mit Rekultivierung
- mögliche Störung von Wild durch Variantenfahrer
- Sicherung von rund 50 direkt oder indirekt abhängigen Arbeitsplätzen im Rahmen des regionalen Entwicklungskonzepts mit dem Tourismus als Hauptpfeiler.

Gegen das Projekt erhoben die Verbände PRO NATURA und STIFTUNG LANDSCHAFTSSCHUTZ (SL) Einsprachen. Nach 21 Monaten Bewilligungsverfahren im Hin und Her sowie Auf und Ab der Instanzen zwischen allen föderalistischen Ebenen konnte der Kleinskilift schliesslich in sechs Wochen gebaut und auf die Saison 2000/2001 hin eröffnet werden.

Weites Feld für Kompensationsforderungen

Die verzögernde Wirkung der Verbandsopposition ist, wie in vielen Projektfällen, auch hier nicht eindeutig von anderen Einflüssen zu isolieren. Das kann nicht verwundern, weil Verbandsbeschwerden in die bei grösseren Projekten komplizierten Bewilligungsverfahren einwirken, an denen in der Regel mehrere Instanzen beteiligt sind. Verbandseinsprachen sind wie Sand im Räderwerk der Bewilligungsmaschinerie. Besonders die sachlich kaum fundierte Einsprache der Stiftung Landschaftsschutz beschäftigte zahlreiche Instanzen, bevor der Verband seine Eingabe mangels einer rechtlichen Grundlage, wie der SL selbst zugab, schliesslich zurückzog. Die Wirkungen der Verbandseinsprachen umschreibt die Pizol-Dokumentation so:

«Der eine Verband hat durch seine Drohung, die Rechtsmittel weiterlaufen zu lassen [...] vom Bau völlig unabhängige Konzessionen erpresst:

- *Verzicht auf Propagierung einer nicht im Zusammenhang mit den Bauten stehenden, seit 1953 benutzten Abfahrtsroute.*

Minimaler Eingriff auf der Alp: Endloser Instanzenweg für die Verbesserung des Skigebiets

- *Einverständnis zu einer Verkleinerung des Skiabfahrtsgebiets, obschon die Rechtsmittelfristen dafür bereits abgelaufen waren.*

Der andere Verband macht eine Eingabe, in der alles und jedes am Projekt gegen das Gesetz verstossen soll, teilt dann aber 18 Monate später mit, er würde die Rechtsmittel nicht weiterziehen, wegen ‹Fehlen von rechtlichen Möglichkeiten›. Inzwischen mussten sich Dutzende von Instanzen mit seinen leeren Behauptungen auseinandersetzen; die Bundesverwaltung hat sich mit den zuständigen Herren (Duz-Kollegen) kurzgeschlossen und sich deren von anderen Amtsstellen als abstrus erklärte Vorschläge lange Zeit zu eigen gemacht und massgebend zur Verlängerung des Verfahrens im BUWAL beigetragen.»

Das Aushandeln kompensierender Konzessionen zur Abgeltung einer zusätzlichen Beanspruchung der natürlichen Umwelt durch ein Bauprojekt ist im Grundsatz nicht so negativ zu beurteilen, wie dies die Pizol-Dokumentation tut. Kompensationen sind sogar ein erwünschtes Mittel wohlfahrtsökonomischer Optimierung. Denn immerhin befinden sich die Standorte der kompensierenden Naturschutzmassnahmen innerhalb des Pizol-Skigebiets. Pistenführungen liegen dort in der Kompetenz der Projektträger. Problematisch wird die Sache hingegen bei der Beurteilung der Kompensationshöhe, da die Verbandsbeschwerde ein praktisch kostenloses Druckmittel darstellt, das Projektträger zu überschiessenden, d.h. gesellschaftlich suboptimalen Konzessionen zwingen kann.

Helvetische Verfahrenskoordination: Von Kafka inspiriert?

Je umständlicher und zeitraubender Bewilligungsverfahren sind, desto grösser ist aus leicht einsichtigen Gründen die Hebelwirkung von (angedrohten) Verbandseinsprachen. Mit der Vereinfachung von Bewilligungsverfahren kann somit auch die Forderungsdynamik von Umweltverbänden diszipliniert werden. Die Verfahrensvereinfachung steht seit Jahren auf der politischen Agenda des föderalistischen Musterstaats Schweiz, und seit dem Jahr 2000 gibt es in der Tat ein neues Bundesgesetz, das so genannte Koordinationsgesetz zur Beschleunigung und Vereinfachung von Bewilligungsverfahren.

Dieser Fall lief nach Aussage der Projektträger bereits unter dem Einfluss dieses Koordinationsgesetzes, obwohl es erst kurz darauf in Kraft trat. Positive Folgen einer Verfahrenskoordination sind in diesem Fall allerdings noch gar nicht sichtbar. Der Verfahrensablauf und dessen Folgen präsentieren sich in Zahlen so:

- 21 Monate Verfahrensdauer
- 52 involvierte Amtspersonen
- 2 beschwerdeführende Umweltverbände
- eine Privateinsprache (mangels Legitimation erledigt)

- 70 Verfahrensschritte
- Amtliche Reaktionszeiten: Starkstrominspektorat neun Monate, BUWAL 4 1/2 Monate, Eidgenössiches Raumplanungsamt 4 3/4 Monate
- Ausweisbarer Schaden von mindestens 100 000 Franken für die Bauherrschaft, d.h. 20 Prozent der Baukosten.

Doch erst in einer tabellarischen Übersicht, die jeden einzelnen Verfahrensschritt dokumentiert, lässt sich die grotesk anmutende Vorgeschichte des Kleinskilifts plastisch erfassen [siehe folgende Seiten].

Die betroffenen Projektträger orten die Ursachen für solche Zustände bei einer «Kombination von Systemfehlern und individuellen Schlampereien». Als Systemfehler werden unter anderen genannt:
- Kompetenzkumulation mit Bundesbeteiligung im Seilbahnsektor, d.h. kumulative Zuständigkeiten für Lokalverfahren statt föderalistischer Aufgabenteilung unter Ausschluss des Bundes;
- Hintereinander- statt Parallelschaltung der Verfahren;
- Beschwerderecht der Umweltverbände.

Die Projektträger verweisen zudem auf einen selten beachteten negativen Aspekt der Verfahrenskoordination: eine neue Intransparenz. Das Verfahren wird teilweise zu einer «Blackbox». Da man im Verfahrensablauf nicht mehr weiss, wo sich ein Dossier gerade befindet, kompliziert sich die Kommunikation mit den Instanzen.

Die Projektpromotoren kritisieren schliesslich speziell auch den Umgang mit Fristen bei den Kantons- und Bundesbehörden. Bei Hintereinanderschaltung von Verfahren im föderalistischen Instanzenweg kumulieren sich die Fristen. Besonders interessant und von Verwaltungsjuristen zu bedenken, die solche Verordnungen schreiben, ist der Hinweis, dass die Vorgabe von Maximalfristen für Verfahren auch kontraproduktiv wirken kann. Grosszügig angesetzte Fristen können eine zögerliche Behandlung legitimieren. Im behördlichen Originalton, der Pizol-Dokumentation entnommen, klingt das dann beispielsweise so: *«Die Verordnung gibt mir fünf Monate Zeit, seien Sie doch froh, dass ich schon in viereinhalb Monaten fertig bin.»*

Welche Emotionen heutzutage vor allem bei Vertretern der KMU-Welt aus dem Umgang mit der perfektionierten Behinderungsmaschinerie der eidgenössischen Bürokratie hochkommen, ist aus der damaligen Pressemitteilung der SPORTBAHNEN BAD RAGAZ AG zu spüren: *«Keine der damit befassten Amtsstellen bestritt, dass der Lift zur Sicherung der 50 direkt oder indirekt abhängigen Arbeitsplätze notwendig ist und dass der Tourismus im regionalen Entwicklungskonzept als der Hauptpfeiler der regionalen Entwicklung bezeichnet wird. Der Bund hatte das Projekt bereits geprüft und dafür ein Darlehen aus dem Fonds für Investitionshilfe im Berggebiet zugesagt. Trotzdem brauchte es bereits in erster Instanz 52 Amtspersonen, 70 Verfahrensschritte und nicht weniger als 21 Monate, um zu entscheiden, ob die drei Mitte 1998 bekannten Umweltfaktoren ein Verbot der Anlage rechtfertigen. Diese Verfahrensdauer ist selbst dann ein Skandal, wenn man durchaus eine gründliche Abklärung der Umweltfaktoren befürwortet. Angesichts dieser Situation klingen die Versicherungen von höchster Stelle, man wolle zum Schutz der KMU die Verwaltungsverfahren vereinfachen, wie ein Hohn.»*

Die Frage drängt sich auf: Wie soll angesichts solcher Erfahrungen eine staatliche Politik der KMU-Förderung noch glaubwürdig klingen? Das beliebte Generalthema «Förderung der KMU» stösst sich im eidgenössischen Kompetenzenwirrwarr immer wieder an der mangelnden Kohärenz der Wirtschaftspolitik. Aktivistische KMU-Föderung, quasi zur Kompensation aktiver Behinderungen, frisst volkswirtschaftliche Ressourcen. Man kann es nicht oft genug wiederholen: viel besser wäre eine passive KMU-Förderung durch Abbau von staatlich-bürokratischen Hindernissen, unter denen die Verbandsbeschwerde eine zunehmend wichtige Rolle spielt.

Bewilligungsverfahren Verbindungsklift Wangs – Bad Ragaz

Nr.	Datum	Schritt	Gemeinde Amt (Name)	Kanton Amt (Name)	Bund Amt (Name)	Andere
1.	19.06.98	Einleitung des Umweltverträglichkeitsverfahrens	——	AFU (Mäder)	——	Bahn an
2.	20.07.98	1. Begehung im Gelände mit allen kantonalen Ämtern und dem Wildspezialisten Tschirky	GA (Holderegger) GA (Kalberer) BA (Lutz)	AFU (Hohl) PA (Fischer) J/F (Tschirky) RegPL (Spörry)	——	——
3.	Anfang 08.1998	AFU-intern	——	AFU (Mäder) an AFU (Benz)	——	——
4.	07.08.98	AFU an TBA	——	AFU (Mäder, Benz) an TBA (Sidler)	——	——
5.	10.08.98	TBA an Gemeinderat Vilters	GA (Kalberer)	TBA (Bottlang, Sidler) an	——	——
6.	10.08.98	TBA an Gemeinderat Bad Ragaz	GA (Holderegger)	——	——	——
7.	25.08.98	Gemeinderatsbeschluss Vilters	GA (Kalberer) GR (Baumgartner, Schnider) GS (Lehnherr)	——	——	——
8.	01.09.98	Gemeinderatsbeschluss Bad Ragaz	GA (Holderegger) GR (Frei, Thut, Bon, Winkler) GS (Bislin)	——	——	——
9.	10.1998	3-tägige Begehung durch den Floraspezialisten Weidmann	——	——	——	Weidmann

Nr.	Datum	Schritt	Gemeinde Amt (Name)	Kanton Amt (Name)	Bund Amt (Name)	Andere
	11.1998	Erstattung Umweltverträglichkeitsbericht durch dipl. Ing. F. Schlegel, R. Rupf, Geograf, P. Weidmann	——	——	——	Schlegel, Rupf, Weidmann
10.	19.11.98	Einreichung Gesuch Baubewilligung	BA (Lutz, Locher)	——	——	Bahn an
11.	28.11.–08.12.98	Anzeige- und Auflageverfahren	BA (Lutz, Locher)	——	——	——
12.	07./08.12.98	3 Einsprachen	——	——	——	2 Umweltverbände 1 Privatperson
13.	10.12.98	Frist zur Vernehmlassung	BA (Lutz)	——	——	——
14.	24.12.98	Stellungnahme der Bauherrschaft	BA (Lutz)	——	——	Bahn an
15.	07.01.99	Unterlagen von Gemeinde an Kanton	BA (Lutz) an	TBA (Sidler)	——	——
16.	10.01.99	TBA an Amt für Umweltschutz	——	AFU (Candrian)	——	——
17.		an Planungsamt	——	PA (Eisenreich)	——	——
18.		fehlt	——	——	——	——
19.		an Jagd- und Fischereiverwaltung	——	J/F (Tschirky)	——	——
20.		an Abteilung für Gewässerbau	——	TBA (Abteilung Gewässerbau)	——	——
21.	11.01.99	an Abteilung für Infrastruktur und Energie	——	AFU	——	——
22.	14.01.99	Besprechung über Verfahrenskoordination	——	TBA (Sidler)	——	Bahn
23.	03.02.99	Begehung Nr. 2 im Gelände mit Einsprecher	GA (Holderegger, Kalberer) BA (Lutz) BK (Baumgartner)	J/F (Tschirky)	——	Bahn mit Einsprecher und Faunaspezialist

Nr.	Datum	Schritt	Gemeinde Amt (Name)	Kanton Amt (Name)	Bund Amt (Name)	Andere
24.	02.1999	Intern PA	——	PA (Eisenreich) an PA (Flaad)	——	——
25.	08.02.99	Stellungnahme PA an TBA	——	PA (Eisenreich) an TBA (Sidler)	——	——
26.	03.1999	Intern AFU	——	AFU (Friedli an Benz)	——	——
27.	22.03.99	AFU an TBA	——	AFU (Friedli) an TBA (Sidler	——	——
28.	06.04.99	TBA verteilt Nrn. 25 und 27 an	GA (Holderegger) GA (Kalberer)	——	BAV (Wohlwend)	——
29.	19.04.99	BAV verteilt Unterlagen an 5 Ämter	——	——	BUWAL (Beretta) ARE (Bosshart) BWA (Standortpolitik Herr N.N.1) Militär (Generalstab Herr N.N.2) Post (Herr N.N.3) SSI Konkurrenz (Marti)	——
29.	a)	BAV wieder zurück an Kanton zur Vernehmlassung	——	TBA (Sidler)	——	——
30.	04.1999	BUWAL-intern	——	——	BUWAL (Beretta) an BUWAL (Wyder)	——
31.	11.05.99	Baukommission tagt	GA (Kalberer) GR (N.N.4, N.N.5) BA (Lutz)	——	——	——
32.	15.05.99	Gemeinderat Vilters/Wangs genehmigt	GA (Kalberer) GR (Baumgartner, Schnider, N.N.4, N.N.5) GS (Lehnherr)	——	——	——

Nr.	Datum	Schritt	Gemeinde Amt (Name)	Kanton Amt (Name)	Bund Amt (Name)	Andere
33.	15.06.99	Gemeinderat Bad Ragaz genehmigt	GA (Holderegger) GR (Thut, Bon, Winkler, Frei) GS (Bislin)	––	––	––
34.	16.06.99	GR an TBA	GA (Holderegger)	TBA (Sidler)	––	––
35.	16.06.99	GR an TBA	GA (Kalberer)	TBA (Sidler)	––	––
36.		TBA konsultiert Rechtsdienst; Mitteilung, dassder GR-Entscheid nicht eröffnet werden könne.	––	TBA (Sidler) an RD (Widmer)	––	––
37.	06.1999	RD an TBA	––	RD (Widmer) an TBA (Sidler)	––	––
38.	06.1999	TBA an Gemeinderat Vilters	––	TBA (Sidler) an GR (Kalberer)	––	––
39.	06.1999	TBA an Gemeinderat Bad Ragaz	––	TBA (Sidler) an GR (Holderegger)	––	––
40.	30.06.99	Mitteilung Gemeinderat Vilters an Bauherrschaft	––	––	––	Bahn
41.	08.1999	BUWAL Intern	––	––	BUWAL (Wyder) an BUWAL (Mohr und andere?)	––
42.	30.08.99	BUWAL an BAV (Zeit 19.4.–30.8. = 4 1/2 Monate)	––	––	BUWAL (Mohr) an BAV (Wohlwend)	––
43.	30.06.99	BWA an BAV	––	––	––	––
44.	12.05.99	Militär an BAV	––	––	––	––
45.	?	Post an BAV	––	––	––	––

Nr.	Datum	Schritt	Gemeinde Amt (Name)	Kanton Amt (Name)	Bund Amt (Name)	Andere
46.	?	Konkurrenz an BAV	——	——	——	——
47.	08.1999	Techn. Unterlagen an IKKS			IKSS (Bloch)	
48.	23.08.99	Unterlagen genehmigt IKKS an TBA	——	IKKS (Bloch) an TBA (Sidler)	——	——
49.	09.09.99	BRPI an BAV (19.04. – 09.09.1999 = 4²/3 Monate)	——	——	ARE (Bosshart) an BAV (Wohlwend)	——
50.	04.10.99	Begehung Nr. 3	GA (Holderegger) GA (Kalberer) Rplan (Spörri)	AFU (Friedli) TBA (Sidler)	BUWAL (Wyder) BAV (Wohlwend)	Bahn
51.	12.10.99	Begehung Nr. 4, mit Kleinlifthersteller Borer	——	——	——	Kleinliftlieferant Bahn
52.	27.10.99	Begehung Nr. 5	——	TBA (Sidler)	IKKS (Bloch)	——
53.	16.11.99	Bericht Bloch an TBA	——	TBA (Sidler)	IKKS (Bloch) an	——
54.	10./11.99	Intervention bei RR Kägi	——	RR (Kägi)	——	——
55.	10./11.99	Intervention bei NR Widrig	——	——	NR (Widrig)	——
56.	12.99	BAV Intern	——	——	BAV (Wohlwend) an BAV (Giger)	——
57.	14.12.99	Verfügung BAV an TBA	——	TBA (Sidler und viele andere)	BAV (Wohlwend) an	——
58.	01.00	TBA Interner Wechsel	——	TBA (Sidler an Peyer)	——	——
59.	06.01.00	TBA an RD	——	TBA (Peyer) an RD (Widmer)	——	——
60.	06.01.00	RD intern	——	RD (Widmer) an Justizdirektion (N.N.6)	——	——

Nr.	Datum	Schritt	Gemeinde Amt (Name)	Kanton Amt (Name)	Bund Amt (Name)	Andere
61.	31.01.00	Auf Anfrage Bahn erklärt Peyer: Es fehlen noch Unterlagen fürs Starkstrominspektorat (SSI hatte Unterlagen seit 19.04.99)	––	TBA (Peyer) an	SSI (Wegmann)	––
62.	02.2000	PA Intern	––	PA (Peyer an Eisenreich)	––	––
63.	02.2000	PA Intern	––	PA (Eisenreich an Flaad)	––	––
64.	29.02.00	Vorlage RR	––	PA (Flaad) an RR (Kägi)	––	––
65.	29.02.00	RR-Entscheid	––	RR (Kägi, Schönenberger, Roos, Hilber, Grüninger) PR (Stöckling) StaatsS (Gehrer)	––	––
66.	08.03.00	Staatskanzlei an Gemeinderat Vilters	GA (Kalberer)	StaatsS (Gehrer) an	––	––
67.	08.03.00	Staatskanzlei an Gemeinderat Bad Ragaz	GA (Kalberer) GA (Holderegger)	StaatsS (Gehrer) an	––	––
68.	17.03.00	Eröffnung an die Bauherrschaft Vilters / Wangs	GA (Kalberer)	––	––	––
69.		Bad Ragaz / Vilters Wangs	GA (Holderegger)	––	––	––
70.	04.04.00	Pressecommuniqué, Einsprecher, dass sie auf Rekurs verzichten, da rechtliche Möglichkeiten fehlen	GA (Holderegger)	––	––	––

AFU Amt für Umweltschutz; ARE Bundesamt für Raumentwicklung; BA Bauamt; BAV Bundesamt für Verkehr; BK Baukommission; BUWAL Bundesamt für Umwelt, Wald und Landschaft; BWA Bundesamt für Wirtschaft und Arbeit; GA Gemeindeammann; GR Gemeinderat; GS Gemeindeschreiber; IKSS Interkantonales Konkordat für Seilbahnen und Skilifte; J/F Amt für Jagd und Fischerei; NR Nationalrat; PA Planungsamt; RegPL Regionalplanung; RD Rechtsdienst; RR Regierungsrat/-rätin; SSI Starkstrominspektorat; StaatsS Staatsschreiber; TBA Tiefbauamt

Keine Extratour für den Weltmeister: Guggenbühel Wolfhalden

Strapazierter Föderalismus
Konflikte mit einem ehernen Raumplanungsgesetz
Vorsorgliche Drohgebärde aus Bern

Wolfhalden in den internationalen Schlagzeilen

Gegen Ende des Jahres 2000 wurde bekannt, dass Formel-1-Weltmeister Michael SCHUMACHER eine grosse Liegenschaft in der appenzellischen Gemeinde Wolfhalden als möglichen neuen Wohnsitz für seine Familie ins Auge gefasst hatte. Sofort richtete sich die Aufmerksamkeit der Boulevardmedien auf das bisher unbeachtete Dorf in Appenzell-Ausserrhoden, was verständlicherweise auch dazu beitrug, dass dort der allgemeine Erregungszustand vorübergehend auf ein wohl kaum je erreichtes Niveau anstieg.

Wolfhalden ist eine Landgemeinde mit verschiedenen Industrie- und Gewerbebetrieben und noch rund 1700 Einwohnern, Tendenz weiterhin abnehmend. Die Belastungen durch Gemeindeaufgaben sind beträchtlich; wegen finanzieller Engpässe musste der Steuerfuss kürzlich erhöht werden. Das SCHUMACHER-Projekt wirkte in diesem Umfeld wie ein Geschenk des Himmels. In einer «informativen Umfrage» befürworteten fast 90 Prozent der Wolfhaldener Bevölkerung das Vorhaben. Eine steuerliche Vorzugsbehandlung der Familie Schumacher schlossen die Behörden kategorisch aus. Dabei ist allerdings zu erwähnen, dass die Kantone dieser Kategorie von Ausländern nicht nur enorme Steuereinsparungen erlauben, sondern diese Ausländer auch gegenüber Schweizern fiskalisch privilegieren.

Chronologie

Nov. 2000	Der Landammann von Appenzell A.-Rh. informiert die Gemeinde, dass die Familie SCHUMACHER das Guggenbühel in seine Evaluation für den neuen Wohnsitz in der Deutschschweiz aufgenommen hat.
2001	Michael SCHUMACHER und Familie schauen sich in Wolfhalden um.
Aug. 2001	Mit den Grund- und Hauseigentümern finden Kaufverhandlungen statt. Ein Architekturbüro erstellt eine Studie und ein Vorprojekt. Eine «Taskforce» der Wirtschaftsförderung Appenzell A.-Rh. wird gebildet.
Okt. 2001	Die Bauherrschaft reicht bei der Gemeinde ein Umzonungsgesuch ein.
Nov. 2001	Es finden Augenschein und Aussprache mit Experten und Umweltverbänden (WWF, HEIMATSCHUTZ, PRO NATURA) statt.
Jan./ Feb. 2002	Der Teilzonenplan Guggenbühel zur Ermöglichung des Projekts SCHUMACHER liegt öffentlich auf. PRO NATURA, die SL und der HEIMATSCHUTZ erheben Einsprache gegen den Teilzonenplan und die Ergänzung des Baureglements. Die Umweltverbände sagen ihre Beteiligung an einem «runden Tisch» zu.
April 2002	Der erste «runde Tisch» führt die interessierten Parteien zu Gesprächen in Wolfhalden zusammen. Etwa 200 Personen, Einwohner von Wolfhalden und Umgebung, veranstalten eine Sympathiekundgebung für das Vorhaben SCHUMACHER.
Mai 2002	Ein zweiter «runder Tisch» geht in Wolfhalden mit grosser Medienpräsenz aus dem In- und Ausland über die Bühne. Mit den Verbänden kann keine Einigung erzielt werden. PRO NATURA beharrt auf dem Rechtsweg. Die Familie SCHUMACHER zieht das Bauprojekt zurück.

Im Herbst 2001 stellte die Familie SCHUMACHER ein Umzonungsgesuch für den Neubau eines grossen Wohnhauses und die Erstellung von frei stehenden Pferdestallungen auf der betreffenden Liegenschaft, die sich fatalerweise in der Landwirtschaftszone befand. Termindruck entstand aus dem Wunsch der Familie SCHUMACHER, ihre Kinder im Jahr 2004 in Wolfhalden einschulen zu können. Geplant war auf dem 17 Hektaren grossen Grundstück auf dem Guggenbühel die Umwandlung von rund 1,5 Hektaren Landwirtschaftsfläche in eine Kleinbauzone, von etwa 1,5 Hektaren in eine Intensiverholungszone sowie der Transfer von rund 2,4 Hektaren in die Grünzone. Das SCHUMACHER-Projekt wurde ökologisch aufwendig gestaltet und hatte dadurch nach Meinung der Projektbefürworter in Sachen Naturschutz Modellcharakter, weil die ökologische Gesamtbilanz eindeutig positiv ausfalle. Unter anderem war die Umwandlung der landwirtschaftlichen Intensivnutzung in eine extensive landwirtschaftliche Nutzung mit Pferdezucht vorgesehen. Die Gemeinde sah den Erlass eines Sondernutzungsplans vor, vor allem auch um eine präjudizierende Wirkung der Umzonung abzuwenden. Sondernutzungspläne unterliegen der Volksabstimmung in der Gemeinde.

Die Umweltverbände PRO NATURA, der SHS und die STIFTUNG LANDSCHAFT erhoben Einsprache gegen den Teilzonenplan und die Ergänzung des Baureglements. Sie bezeichneten die Schaffung einer Kleinbauzone als unzulässig, weil rechtswidrig, und bemängelten vor allem die fehlende planerische Gesamtbetrachtung und die übermässige Gewichtung privater Interessen. Auch das Bundesamt für Raumentwicklung hatte präventiv Widerstand angekündigt und eine Beschwerde in Aussicht gestellt, weil das Projekt gegen Bundesrecht verstosse. Hauptproblempunkt war die rechtliche Zulässigkeit des Vorhabens gemäss Raumplanungsgesetz (RPG), das in Landwirtschaftszonen nur sehr restriktiv Ausnahmen ermöglicht. Die Umweltverbände wurden zu Gesprächen begrüsst, und es fanden zwei «runde Tische» statt, an denen zahlreiche Varianten diskutiert wurden.

Nach dem zweiten Gespräch am «runden Tisch» wurde klar, dass wegen der grundsätzlichen Ablehnung des Projekts durch PRO NATURA der Rechtsweg beschritten werden müsste. Die damit verbundenen Fristen und Unsicherheiten wollte die Familie SCHUMACHER nicht auf sich nehmen und verzichtete deshalb auf das Vorhaben und den Umzug in die Deutschschweiz. Für Wolfhalden brachte dies eine riesige Enttäuschung, das sofortige Ende der Medienschlagzeilen und den Ausbruch einer gewisse Katerstimmung, die man heute noch zu verspüren glaubt. Die Auseinandersetzungen um das Projekt fanden zum Teil in einer vergifteten Atmosphäre statt und hinterliessen bei etlichen enttäuschten Hauptakteuren in Kanton und Gemeinde bis heute nachwirkende Spuren der Verbitterung. Besonders betroffen war man natürlich von diversen ungeniessbaren Charakterisierungen im Stile von «Bananenrepublik» und Ähnlichem.

Doch ebenso bedauerlich wie all diese unerfreulichen Nachwirkungen an Ort ist die Tatsache, dass es wegen des vorzeitigen Rückzugs der Familie Schumacher nicht zu einer rechtlichen Klärung der Auslegung des RPG in diesem beispielhaften Fall kommen konnte.

Eingriff in die Kantons- und Gemeindeautonomie?

Die Gemeinde- und Kantonsvertreter kritisierten am Konflikt unter anderem den nach ihrer Meinung unverhältnismässigen Eingriff in die Autonomie von Kanton und Gemeinde durch die bundesrechtlich legitimierten Beschwerdeführer. Die grosse Frustration ist mindestens zum Teil verständlich, unternahmen doch die zuständigen kommunalen und kantonalen Behörden in formeller und materieller Hinsicht beträchtliche Anstrengungen, um das Vorhaben ohne Verletzung von Bundesrecht, insbesondere des Raumplanungsgesetzes, zu ermöglichen.

Einsames Haus ohne Weltmeister: Milchwirtschaft statt kommunal bewilligte Pferdeweide

Wie bereits erwähnt, konnte leider unter dem Druck der kritischen Fristen die Rechtmässigkeit des Vorgehens mit dem Erlass eines Sondernutzungsplans nicht durch die Gerichte geklärt werden. Eine vergleichbare Konstellation dürfte aber auch in anderen Fällen meistens zutreffen; Bauherren ohne zeitliche Zielvorstellungen sind wohl eher selten anzutreffen. Präventiver Widerstand von beschwerdeberechtigten Verbänden bedeutet somit im Regelfall das vorzeitige Aus für ähnliche Vorhaben.

Wenig Flexibilität im Raumplanungsgesetz

Die SL ging, in Übereinstimmung mit den anderen Verbänden, in den Verhandlungen von der lapidaren Feststellung aus: «*Nach heutiger bundesge-*

richtlicher Praxis sind inselartige Einzonungen landwirtschaftlicher Grundstücke untersagt.» Während aber die SL und andere Projektgegner immerhin verhandlungs- und konzessionsbereit waren und aktiv nach einer Lösung suchten, war die Haltung der Vertreter von PRO NATURA stets klar: Über Guggenbühel wird nicht verhandelt. Man wähnte sich also zum Vornherein vollkommen im Recht.

Sicher stellt das RPG hohe Anforderungen an die raumplanerische Begründung von Ausnahmen. Das Ausnahmerecht des RPG bezieht sich mit seinem punktuellen Ansatz nur auf einzelne Bauten. Gemäss dieser Auslegung fiel das SCHUMACHER-Projekt eindeutig nicht unter einen Ausnahmetatbestand. Die Wolfhaldener Behörden erwirkten zur Frage der Flexibilität des RPG eine informelle Stellungnahme von Martin LENDI, ehemaliger Professor für Recht an der ETHZ. Aus den sorgfältig abgewogenen Äusserungen dieses ausgewiesenen Experten des Raumplanungsrechts ist die Ansicht herauszulesen, das Recht erweise sich im Lichte von Konflikten nach dem Muster von Wolfhalden in seiner heutigen Form als eher zu starr, wobei speziell folgende Argumente vorgebracht wurden:

- Prinzipien und Planungsgrundsätze hätten sich gerade dann zu bewähren, wenn es darum geht, ohne den vereinfachenden Schutz absoluter Regelungen zu planen und Interessenabwägungen vorzunehmen. Damit ist die Frage nach dem Sinn von absoluten Regelungen im RP-Recht angesprochen. Gesetzliche Novellierungen und Neuplanungen dürfen nicht durch Absolutheiten verdrängt werden.

- Der Rechtsschutzansatz der Gerichte ist enger als der Planungsansatz politischer Behörden. Die Berücksichtigung von raumplanerisch relevanten Veränderungen in Gesellschaft und Wirtschaft und eine Beurteilung von Projekten im grösseren Zusammenhang sind unter dem starren

Rechtsschutzansatz nicht zu erwarten, können aber planerisch durchaus geboten sein.

- Die Wahrnehmung der verfassungsrechtlich vorgegebenen kantonalen Planungshoheit ist unter den geltenden bundesrechtlichen Bedingungen für die Kantone und Gemeinden schwierig.

- Der Fall SCHUMACHER ist auch ein Fall Wolfhalden bzw. der Planungslehre, weil in der Vergangenheit aus damals wohl vertretbaren Gründen «falsche» Bauzonen ausgeschieden worden sind. Die Aufgabe guter Planung ist es, Planungen fortzuentwickeln, wenn sich die Verhältnisse erheblich geändert haben und das Abwägen zwischen Rechtssicherheit und Neuplanung dies gebietet.

- Auch die zweifelhafte Annahme einer Deckungsgleichheit von Landwirtschaftszone und Nichtsiedlungsgebiet spielt hier eine Rolle. Die Nutzungsplanung für das Nichtsiedlungsgebiet ist im RPG unbefriedigend geregelt. Mit der einseitigen Betonung des Schutzes der Landwirtschaft droht die Planung im Nichtsiedlungsgebiet zu stark eingeengt zu werden. Die kantonale Richtplanung muss Differenzierungen zulassen, wie dies oft auch geschieht.

- Trotz Sondernutzungsplan wäre eine gewisse politische Präzedenzwirkung eines solchen Projekts unvermeidlich.

Vorsorglicher Widerstand aus Bern

Wie erwähnt, stellte auch das BUNDESAMT FÜR RAUMENTWICKLUNG (ARE) eine Beschwerde in Aussicht, weil das Projekt gegen Bundesrecht verstosse. Diese amtliche Drohgebärde aus Bern, offensichtlich in Vorwegnahme eines formellen Anlasses, lässt sich auch als ungehörige präventive behördliche Einmischung interpretieren. Sieht man dies anders, wäre immerhin aus grundsätzlicher Sicht zu fragen, ob die unbestrittene behördliche Kompetenz zur Überwachung der Einhaltung von Raumplanungsrecht des Bundes nicht genügen würde bzw. welche zusätzliche positive Vollzugswirkung vom Beschwerderecht der Umweltverbände in vergleichbaren Fällen ausgeht, um dieses zu rechtfertigen. Dieselbe Frage stellt sich analog auch auf den unteren Ebenen des föderalistischen Staatswesens Schweiz.

05 /

KERNPROBLEME DER VERBANDSBESCHWERDE

Prekäre Legitimation der Verbände

NGO als Anwälte der «Zivilgesellschaft»

Die Umweltverbände zählen zu den typischen Nichtregierungsorganisationen oder Non-Governmental Organisations (NGO). NGO sind private Vereinigungen, die nach ihrem Rollenverständnis nicht nur die Interessen ihrer Mitglieder, sondern auch diejenigen einer breiteren Öffentlichkeit vertreten und diese für ihre Anliegen zu mobilisieren suchen. Im Unterschied zu politischen Parteien, die ebenfalls für Nichtmitglieder Politik machen, fehlt den NGO ein demokratisches Mandat, also greifen sie zur Selbstlegitimation. Das Schlüsselwort für die ungefragt vertretene Masse heisst «Zivilgesellschaft» – ein politisch wirksames Schlagwort, das sich wie so viele diffuse Begriffe schleichend in den politischen Diskurs eingenistet hat. Eine solche Wortschöpfung eignet sich bestens für den Transport von Botschaften zur gesinnungsmässigen Mobilisierung, denn in diffuse Wortgefässe lässt sich alles mögliche an Inhalten und moralischer Prägung hineinpacken.

In ihrer Mission gehen NGO von der Überzeugung aus, selbst die demokratisch verfassten nationalstaatlichen Systeme seien nicht in der Lage, den wirklichen Bürgerpräferenzen zum Durchbruch zu verhelfen. Deshalb brauche es, vor allem als Gegengewicht zu den organisierten Wirtschaftsinteressen, die sich für ihre Zwecke der Politik bedienten, selbstlose Advokaten der «Zivilgesellschaft». Falls man Umfragen glauben darf, teilt offenbar eine Mehrheit der Leute diese Meinung, was in der heutigen Zeit der medial inszenierten Dauerplebiszite das formale Legitimationsdefizit der NGO zu relativieren scheint. In Deutschland sollen gemäss Presseberichten in einer Umfrage im Jahre 2002 über 60 Prozent der Befragten die globalisiert aktive Umweltorganisation GREENPEACE als glaubwürdige Institution bezeichnet haben, während «die Politik» in dieser Befragung nur auf eine «Glaubwürdigkeitsquote» von 20 Prozent kam.

Diese Umfrageergebnisse kommen aber nicht zuletzt auch deshalb zustande, weil viele Menschen das Verhalten der Umweltaktivisten nach deren Absichten beurteilen, nicht nach den praktischen Handlungsfolgen. NGO profitieren von einem Glaubwürdigkeitsbonus, da die Aktivisten als Idealisten gelten, die unter grossen persönlichen Opfern gegen übermächtige Gegner antreten. Dies erklärt, weshalb ein Fall wie die «Brent Spar»-Posse um die Entsorgung einer SHELL-Ölbohrplattform für die dort besonders militante GREENPEACE keine negative Imagewirkung gehabt hat. Eher trifft sogar das Gegenteil zu. Die Wahrnehmung einer David-Goliath-Konstellation beeinflusst die öffentliche Sympathieverteilung. Dabei sind viele NGO mittlerweile weitgehend professionalisiert, operieren mit beträchtlichen Budgets und bieten, zumindest für ihre Kader, auch Lebenskarrieren, bauen also in ihrer Entwicklung zunehmend auch auf materielle Anreize wie Einkommen, Einfluss, Macht und Prestige. Mit gleichem Recht müssen zudem andere Nicht-Regierungs-Akteure als NGO der «Zivilgesellschaft» gelten, wie etwa das WORLD ECONOMIC FORUM (WEF), Handelskammern, Rotary-Clubs oder Bankenvereinigungen. Erstaunlicherweise gestehen viele der NGO solchen Akteuren keine ehrenwerten Motive wie sich selbst zu.

Sonderstellung im schweizerischen politischen System

Das schweizerische föderalistische System mit seinen direkten Volksrechten auf allen drei Staatsebenen (Gemeinde, Kanton, Bund) gilt als besonders geeignet, die politische Praxis mit den Präferenzen der Bevölkerung in Übereinstimmung zu bringen und zu halten. Die Rolle von NGO kann deshalb in einer föderalistischen Referendumsdemokratie prinzipiell nicht die gleiche sein wie in repräsentativen Systemen. Das Konfliktrisiko der Verbandsbeschwerde mit den politischen Institutionen ist denn auch in der Schweiz wegen der ausgeprägten Volksmitsprache bei Planungen und Projektkrediten deutlich erhöht. In mehreren gewichtigen Fällen haben Verbände tatsächlich trotz planungs- bzw. projektbejahenden Abstimmungsergebnissen weiterhin gegen Vorhaben opponiert (z.B. bei den oben dargestellten Projekten Kreuzplatz und Eurogate). Das Verbandsbeschwerderecht bewirkt eine Verschiebung von Projektbewilligungskompetenzen von bürgernahen politischen Institutionen zu Gerichten oder gar an inoffizielle Verhandlungstische. Dies ist im schweizerischen politischen System eine Entwicklung, die aus grundsätzlichen Erwägungen mehr kritische Aufmerksamkeit verdient, entwickelt sich doch unter dem Diktat der neuen Verhandlungsmoral eine Art Parallel-Bewilligungsbürokratie mit den beschwerdeberechtigten Verbänden in einer zunehmend parabehördlichen Rolle.

Die Legitimationsproblematik müsste eigentlich spätestens dann besondere Sensibilitäten wecken, wenn unter Mitwirkung von Umweltverbänden gar Beschlüsse mit völkerrechtlichen Auswirkungen gefasst werden, wie dies bei den Protokollen zur Alpenkonvention der Fall war. Die Tatsache, dass NGO inzwischen durch politischen Druck weltweit zu quasi offiziellen Gesprächspartnern demokratisch legitimierter Gremien aufgestiegen sind, sollte nicht davon ablenken, dass das institutionelle Legitimationsmanko grundsätzlich weiterhin bestehen bleibt. Daran ändert auch die Tatsache nichts, dass selbst die Eliten der offiziellen Politik und der wirtschaftlichen

Grossinteressen nicht nur wenig Widerstand gegen die Einflussnahme der NGO entwickeln, sondern diese im Gegenteil sogar aktiv umwerben. Das klassische Muster liefert das WEF. Den mächtig gewordenen Kritiker zu integrieren, war schon immer eine beliebte Strategie, die eigene Macht zu erhalten und zu mehren.

Internes Demokratiedefizit

Die verbandsinterne Willensbildung genügt nicht bei allen beschwerdeberechtigten Organisationen den gängigen demokratischen Legitimationskriterien. In Vereinen müssen Verbandsorgane zwar formal durch die jährlichen Mitgliederversammlungen gewählt bzw. bestätigt werden. Zudem sind sie in ihren Aktivitäten an die Vereinsstatuten gebunden. In Verbänden, besonders solchen mit grosser Mitgliedschaft, stellt sich aber ganz praktisch das «Principal Agent»-Problem: Vertreten die beschwerdeführenden Verbandsrepräsentanten wirklich stets die Interessen der Mitglieder? Genügt die Bindung durch die Mitgliederversammlung? Oder via Verbandsperiodika und Foren? Interessiert sich die Masse der Mitglieder überhaupt genügend für die konkreten politischen Aktivitäten und Interventionen der Verbandsführung? Die statutengerechte verbandsinterne Rückkoppelung im Willensbildungsprozess scheint aufgrund bisheriger Erfahrungen kaum jederzeit in genügendem Ausmass gewährleistet.

Im Fall des Grossprojekts Eurogate sollen gemäss Medienberichten innerhalb des VCS Zürich Konflikte ausgebrochen sein. Jedenfalls ist selbst in diesem gewichtigen Fall nichts über eine demokratische Rückversicherung bei den Mitgliedern des VCS bekannt, etwa nach dem Muster der Urabstimmung bei arbeitsrechtlichen Auseinandersetzungen. Auch die föderalistische Verbandshierarchie wurde auf den Kopf gestellt, gab es doch zwischen VCS Zürich und VCS Schweiz offenbar Differenzen, die bis zum letzten Tag der Verhandlungen mit der Bauherrschaft anhielten und sich in zwei widersprüchlichen Schriftstücken zum Beschwerderückzug manifestierten. Das zuerst bei den Projektträgern eintreffende und nicht vorgesehene Schreiben des VCS Zürich torpedierte gleichsam das vorgängig erzielte Verhandlungsergebnis mit dem VCS Schweiz. Auch im Fall des Projekts Kreuzplatz ist fraglich, ob die Mehrheit der Mitglieder des HEIMATSCHUTZES die Beschwerdeführung ihres Verbands bis zum Bundesgericht – gegen einen Volksentscheid und im Wissen um die mangelnde Beschwerdelegitimation – gebilligt hätten, wenn sie laufend informiert und konkret befragt worden wären.

Besonders problematisch wird die Beschwerdelegitimation jedoch bei Verbänden, die als Stiftungen organisiert sind und die nur eine gewisse Anzahl von Stiftern, aber keine breite Mitgliedschaft haben. Hier wird im kleinen Kreis des Stiftungsrats entschieden; die betreffenden Kompetenzen können aber auch an Geschäftsleitungen oder Sekretariate weiterdelegiert werden. In einem Zeitungsartikel kritisierte der Publizist Beat KAPPELER, dass so lautstarke Akteure wie GREENPEACE oder die STIFTUNG LANDSCHAFTSSCHUTZ mangels Mitgliedern ohne demokratisches Mandat auftreten [NZZ am Sonntag vom 29. Juni 2003]. KAPPELER findet es völlig unverständlich, dass die demokratische Legitimation durch eine genügend grosse Mitgliedschaft kein Kriterium für die Aufnahme von Verbänden in den Kreis der beschwerdeberechtigten Organisationen darstellt. Bei Stiftungen können auch andere Organisationen als Stifter auftreten, was die Entfernung zu einer allfälligen Mitgliederbasis vergrössert und Verbandsfunktionären diskretionäre Spielräume eröffnet.

Weiche Kriterien für die Aktivlegitimation

In der Schweiz hat man die Legitimationsfrage für das Verbandsbeschwerderecht so gelöst, dass die Verbände durch eine Gesetzesbestimmung aktivlegitimiert werden. Durch die Beschränkung auf Organisationen, die gewisse Aufnahmebedingungen erfüllen, entstand ein Beschwerdekartell der legitimierten Verbände. Nichtlegitimierte Organisationen suchen die Aufnahme in den privilegierten Kreis, geht es doch auch um handfeste politische und materielle Interessen. Eine gewisse Ähnlichkeit zu den Vorgängen um die Aufnahme von neuen Sportverbänden in das einträgliche Kartell der olympischen Sportarten ist nicht zu übersehen.

Im April 2003 beschloss der Bundesrat, den VEREIN ALPENINITIATIVE als 30. Vereinigung in das Verzeichnis der beschwerdeberechtigten Umweltschutzorganisationen aufzunehmen. Von juristischer Seite wird die Meinung vertreten, die Erfüllung der gesetzlichen Kriterien für die automatische Verleihung der Beschwerdeberechtigung an Umweltverbände genüge, so dass es keines aktiven Aufnahmeentscheids des Bundesrates mehr bedürfte. Dennoch muss fallweise jeder Aufnahmeantrag geprüft werden, so dass z.B. für das Gesuch des VEREINS ALPENINITIATIVE eine Vernehmlassung stattfand, in der unter anderem die Erfüllung des Kriteriums einer gesamtschweizerischen Tätigkeit des Verbands in Frage gestellt wurde. Zudem verlieh der Bundesrat der SCHWEIZERISCHEN GREINA-STIFTUNG zusätzlich zum Beschwerderecht nach NHG nun auch das Beschwerderecht nach USG.

Da ein Legitimationsentzug für einzelne Organisationen nicht vorgesehen ist, kann die Zahl der beschwerdeberechtigten Verbände logischerweise nur zunehmen – ein eingebauter Expansionsautomatismus. Solche fragwürdigen Langfristfolgen verdrängt die Politik regelmässig. Es wären ja auch Regelungen denkbar, die diesen zweifelhaften Automatismus ausschalten. Die Beschwerdeberechtigung könnte einer bestimmten Maximalzahl von Organisationen verliehen werden, etwa in Verbindung mit einem Rotationsverfahren. Auch der (vorübergehende) Entzug oder die Einschränkung des Verbandsbeschwerderechts dürften nicht tabu sein. Dass aber genau dies der Fall ist, zeigt beispielsweise der sanktionsfrei ausgestaltete weiche

«Ehrenkodex» für Verhandlungen, wie er vom BUWAL im Frühling 2003 in die Vernehmlassung geschickt worden ist.

Indem schliesslich die Beschwerdelegitimation in Planungs- und Bauverfahren auf Umweltverbände beschränkt wird, ergibt sich eine begrenzte Definition des schutzwürdigen öffentlichen Interesses. Ausgegrenzt werden öffentliche Interessen, die nicht die ideelle Etikette des Umweltschutzes tragen, wie etwa das Interesse einer Gemeindebevölkerung an einer Freizeitanlage mit ihren Angeboten, Arbeitsplätzen und Wohlstandwirkungen. In ihren Folgen bedeutet diese Teilsicht des schutzwürdigen öffentlichen Interesses, dass der übergeordnete Leitbegriff der «nachhaltigen Entwicklung» einseitig zugunsten des Umweltrechts und zulasten anderer gesellschaftlicher – auch verfassungsrechtlicher – Ziele ausgelegt wird.

Wenig Transparenz

Zwei weitere Kritikpunkte zur Rolle der beschwerdeberechtigten Verbände sind die Intransparenz der Vereinsverhältnisse sowie die mangelnde öffentliche Rechenschaftslegung generell und besonders über die Beschwerdetätigkeiten. Eine erhöhte Transparenz und die Pflicht zu einer klar geregelten Rechenschaftslegung gegenüber der Öffentlichkeit leiten sich aus dem Anspruch der Verbände ab, öffentliche Interessen zu vertreten.

Die potenziell beträchtlichen volkswirtschaftlichen Effekte von Verbandsbeschwerden müssten logischerweise die Institutionalisierung von externen Prüfungen im Sinne von «Audits» nach sich ziehen. Die beschwerdeberechtigten Verbände müssten sich nach dem Vorbild der Privatwirtschaft gewissen «Corporate Governance»-Regeln unterwerfen. Mindeststandard wäre eine jährliche transparente Rechenschaftslegung nach klaren Berichtsregeln. Die Berechtigung zur Beschwerde sollte von der Erfüllung solcher Standards abhängig gemacht werden. Die Verbände müssten an einer besseren Transparenz und entsprechenden Massnahmen interessiert sein, liesse sich doch damit ihre faktische Legitimation zur Beschwerdeführung erhöhen.

Unterschätzte Verhandlungsmacht

Asymmetrische Machtstruktur

Die Verhandlungsposition der beschwerdeberechtigten Verbände hängt stark von der jeweils gegebenen fallspezifischen Interessenkonstellation ab. Auch wenn der bipolare Interessengegensatz zwischen Projektträgern und Verbänden das sichtbarste Beziehungsmuster darstellt, lassen sich Verhandlungssituationen in den meisten Fällen nicht auf diese simple Konstellation reduzieren. Der Umfang der betroffenen Akteure schliesst selbst in einfachen Fällen zumindest die Bewilligungsbehörden ein, wobei auch innerhalb der staatlichen Verwaltung zwischen den verschiedenen Amtsstellen kaum je ungestörte Harmonie der Interessen vorliegt. Das IDHEAP hat in seinem Fachbericht für das BUWAL acht Akteurkonstellationen typisiert und daraus allgemeine Folgerungen für Verhandlungsansätze gezogen [IDHEAP 2002, S. 48ff.].

Aktuelle Konfliktfälle betreffen heute zunehmend innerstädtische Bauvorhaben privater Projektträger mit viel Publikum und Verkehr (Einkaufszentren, Multiplexkinos, Freizeitanlagen usw.). Die Konstellation in solchen Auseinandersetzungen erscheint typischerweise als einfache bilaterale Konfliktsituation zwischen Umweltorganisationen und Projektträgerschaft [IDHEAP 2002, S. 55]. Dieses einfache Muster genügt jedoch nicht zum differenzierten Verständnis der Ausgangslage für Verhandlungen.

Untersucht man nämlich die Beziehungen zwischen Umweltverbänden und Promotoren in Analogie zur ökonomischen Theorie der Marktformen, zeigt sich ein Bild, das in der Unternehmenswelt die Wettbewerbsbehörde auf den Plan rufen könnte. Um diese Struktur zu verstehen, ist aber der Blick nicht auf den einzelnen Projektfall, sondern auf die Grundkonstellation zu richten. Einer Vielzahl einzelner Promotoren, die unter Konkurrenzdruck ihre eigenen Projekte realisieren wollen, steht jeweils – je nach Projekttyp – ein einzelner beschwerdeberechtigter Verband oder ein Verbund aus mehreren Umweltorganisationen mit praktisch immer gleichgerichteten Interessen gegenüber. Diese gemeinsamen Verbandsinteressen brauchen nicht einmal in jedem Falle umweltpolitisch motiviert zu sein; Machtdemonstrationen erhöhen die öffentliche Wahrnehmung und die Verhandlungsbereitschaft der Projektträger. Dazu kommt noch das zeitliche Element. Projektpromotoren haben es in ihren Vorhaben immer wieder mit den gleichen Verbänden und Verhandlungspartnern zu tun; die Bereitschaft, sich im Interesse späterer Projekte mit potenziellen Beschwerdeführern zu arrangieren, ist deshalb beträchtlich.

Die wichtigsten Effekte dieser asymmetrischen Machtstruktur zeigen sich in der Praxis so:

- Es liess sich bisher keine zentralisierte Interessenvertretung von Baupromotoren organisieren, um gemeinsam gegen den viel kritisierten Missbrauch des Verbandsbeschwerderechts vorzugehen. So ist z.B. das Projekt der Interessengemeinschaft Privater Bauherren (IPB) für eine zentrale Datenbank, die aus Projektfällen der Mitglieder alimentiert werden sollte, nach ersten Anläufen mangels Unterstützung wieder eingestellt worden.

- Gleichgerichtetes Verhalten, z.B. die informell oft geäusserte Anregung, mit gewissen Verbänden Verhandlungen grundsätzlich zu verweigern, also quasi ein Gegenkartell zum Kartell der Umweltverbände zu bilden, scheiterte bisher an der fragmentierten Interessenwahrnehmung der Projektpromotoren.

- Die Verhandlungsbereitschaft der Promotoren ist unter diesen Bedingungen sehr hoch, die Verhandlungsmacht jedoch entsprechend klein. Verhandlungskompromisse finden deshalb kaum je «in der Mitte» zwischen den Ausgangspositionen der Parteien statt, sondern immer sehr nahe bei den Originalforderungen der Verbände.

Bezeichnenderweise gelang es auch nicht, durch eine Umfrage bei Mitgliedern des SCHWEIZERISCHEN BAUMEISTERVERBANDS (SBV) eine grössere Anzahl gut dokumentierter Fälle zu erhalten. Der SBV bedauerte in einem Schreiben, dass die Rückmeldungen an den Verband nicht sehr ertragreich gewesen seien, und nannte verschiedene mögliche Gründe. Man habe konkrete Hinweise darauf, dass offenbar «praktisch keine Personen bereit seien, zu diesem Thema auszusagen». Man wolle nicht «die leidigen Geschichten wieder aufwärmen». Oder man wolle sich «nicht äussern, solange das Bauprojekt nicht abgeschlossen sei». Diese Zurückhaltung deutet auf ein Klima des Misstrauens in den Beziehungen zwischen Bauwirtschaft und Verbänden, ja geradezu auf eine Art «Omertà», die bekanntenorts aus dem Spiel von Pressionen und Nichtstaatlichkeit hervorzutreten pflegt.

Koalition mit Vollzugsbehörden

Das Verbandsbeschwerderecht ist auf Gesetzesstufe nur summarisch formuliert, jedoch in den vollzugsrelevanten Einzelheiten auf Verordnungsstufe geregelt, was primär die Verwaltung ins Spiel bringt. Aus politisch-ökonomischer Sicht erscheinen solche institutionellen Arrangements als kritisch, sind doch die zuständigen Ämter von den Umweltverbänden leichter beeinflussbar als die gesetzgebenden Institutionen. Zudem haben Behörden ein Eigeninteresse an komplexen Umweltregelungen und -abklärungen, weil diese langfristig Beschäftigung sichern. Dass unter solchen Bedingungen auch enge persönliche Beziehungen zwischen Ämtern und Umweltverbänden bestehen (Karrieresprünge eingeschlossen), ist in Kreisen der Kritiker solcher Zustände längst notorisch, hat aber an der verbreiteten Wahrnehmung der Umweltverbände als «ideelle Organisationen» bislang nichts geändert. Je weiter unten in der politischen Hierarchie die konkreten Sachentscheide fallen, desto grösser ist die politische Distanz zur Bevölkerung, d.h. zum obersten demokratischen Kontrollorgan. Die betreffenden Ämter agieren deshalb im Vollzug mit einer beträchtlichen, aus Sicht der «Principal Agent»-Problematik gelegentlich wohl auch zu grossen Autonomie. Dies wird dadurch erleichtert, dass die Wirkungszusammenhänge im Vollzug von Umweltrecht für den Normalbürger kaum mehr transparent sind, so dass bei ihm abgekürzte Argumentationen auf fruchtbaren Boden fallen.

Allerdings wird es für die zuständigen Behörden offenbar immer mehr zur Routine, sich in Bewilligungsverfahren mittels Delegation von Aufgaben an die «zuständigen» Verbände zu entlasten. Das Ergebnis ist eine schleichende Verschiebung behördlicher Kompetenzen zu den Verbänden. Der eingangs erwähnte Fall der Gemeinde, welche die Promotoren eines nicht UVP-pflichtigen Vorhabens zwecks vorgängiger Verhandlungen an den VCS verwies, dürfte unter den heutigen Wirkungsbedingungen des Verbandsbeschwerderechts kaum ein Einzelfall bleiben. Es ist durchaus nachvollziehbar, dass sich Gemeindebehörden aus Gründen der Arbeitsökonomie möglichst nur mit bewilligungsfähigen, d.h. beschwerderesistenten Projektgesuchen beschäftigen möchten. Sie wollen sicherstellen, dass eine Baubewilligung nicht wieder durch Verbandsrekurse umgestossen wird.

Schliesslich fällt für die durchführenden Behörden mit der Aufgabendelegation an Verbände auch ein «Entlastungsvorteil» an. Die zuständigen

Bewilligungsämter stehen oft im Widerstreit der Meinungen und Interessen, sind manchmal gar angefeindet und sehen sich schwer interpretierbaren Umweltvorschriften gegenüber. In dieser ungemütlichen Lage können die Behörden durchaus froh sein, Einsprecher in der Gestalt «moralisch» argumentierender Umweltverbände zu haben. Diese erlauben es, negative Entscheide zu rationalisieren und die Verantwortung dafür abzuschieben.

Aneignung behördlicher Kompetenzen

In der Fallstudie Eurogate wurde die verwaltungsjuristische Verhandlungssprache des VCS als untrügliches Anzeichen für die Verschiebung behördlicher Macht zu den Verbänden beschrieben. Wohin die Entwicklung führen könnte, wenn dem schleichenden Prozess der Kompetenzverschiebung nicht Einhalt geboten wird, schildert die Studie «Einkaufen & Mobilität» der MIGROS [MIGROS-GENOSSENSCHAFTS-BUND 2002] wie folgt:

«Die Prüfungs- und Bewilligungsautorität der zuständigen Behörden wird weitgehend den Umweltverbänden übertragen. Den Bewilligungsbehörden verbleibt der Vollzug des Verfahrens nach Prüfung und Gutheissung durch die beteiligten Verbände. Die unternehmerische Entscheidungskompetenz des finanz- und betriebswirtschaftliche Risiken tragenden Investors wird auf ein simples Mitspracherecht im Rahmen einer Projektträgerschaft reduziert. Die unternehmerische Eigenverantwortung und Selbstbestimmung wird durch ein Partizipationskollektiv ersetzt. Im Ergebnis werden dadurch die verfassungsmässigen Grundprinzipien der liberalen Marktordnung ausgesetzt.»

Es wäre zu einfach, diese Einschätzungen als einseitiges Schreckensszenario abzutun. Sie werden sogar durchaus plausibel, wenn die Vorschläge des BUWAL für eine Verhandlungscharta in den Planungs- und Baubewilligungsverfahren realisiert werden. Denn mit der allgemeinen Zustimmung zu dem vorgeschlagenen «Ehrenkodex» wird das Verhandlungsprozedere zur offiziellen Verhaltensdoktrin. Behörden werden dann verständlicherweise Projektpromotoren routinemässig zuerst an die Umweltverbände verweisen und kaum mehr beschwerdefähige Baugesuche bewilligen, wenn nicht vorgängig Verhandlungen stattgefunden haben.

BUWAL-«Ehrenkodex»: Zementierung der Verbandsmacht?

Der BUWAL-Bericht und die Anhänger des Verbandsbeschwerderechts bezeichnen den Anreiz zu Verhandlungen, der von vielen Projektträgern als faktischer Verhandlungszwang empfunden wird, als prinzipiell positive Auswirkung des Verbandsbeschwerderechts. Das Hauptargument lautet, Verhandlungen führten in den meisten Fällen zu einer Optimierung der Projekte. Beurteilt man den Effekt von Verhandlungen rein nach der Wirkung, sind aus einer theoretischen Sicht gewisse Vorteile von Verhandlungen unter bestimmten Bedingungen durchaus zu erwarten. So können etwa Kompensationsgeschäfte einen gesamtgesellschaftlichen Nettonutzen bringen. Oder Verhandlungen können nach gewissen Regeln das Verhalten der Teilnehmer besser voraussehbar machen.

Im Vollzug von Umweltrecht laufen Verhandlungen nicht immer ohne Schwierigkeiten ab, und so setzen die Autoren des BUWAL-Berichts hier an. Sicher sind die Vorbedingungen für fruchtbare Verhandlungen nicht immer optimal. Nach der wohl wichtigsten Empfehlung des BUWAL-Berichts soll künftig ein «Ehrenkodex» für Verhandlungen Abhilfe schaffen. Ein entsprechendes BUWAL-Projekt steht, wie bereits früher erwähnt, vor dem Abschluss. Allerdings wurde dieses Projekt von Wirtschaftsseite schon zu Beginn kritisiert, explizit und in schriftlicher Form von der in eine Befragung

Eskalation der Einsprachethemen

Die Ausdehnung des Verbandseinflusses zeigt sich auch in einer expansiven Kaskade der Rekursthematik. Waren früher konkrete Umweltschutzthemen wie Luft- und Lärmbelastung oder Eingriffe in die Natur Ansatzpunkte für Beschwerden, gelang es den Verbänden – auch mithilfe von Behörden und Rechtsprechung –, die Rekursgründe zunächst auf mehr formale Kriterien, z.B. die Erschliessung eines Gebiets mit dem öffentlichen Verkehr, auszudehnen. Darüber hinaus eignen sich Verbände aber zunehmend neue Einsprachethemen an. Ein Muster liefert der Fall eines Golfplatzprojekts in der graubündnerischen Surselva. Hier verlangten die beschwerdeberechtigten Verbände durch Druck auf die Kantonsbehörden von den Projektpromotoren zusätzliche kostspielige Expertenberichte über die Auswirkungen des Projekts auf die Landwirtschaft und über die Frage der nachhaltigen Wirtschaftlichkeit. Ganz im Trend der thematischen Eskalation der Verbandsmitsprache wurde von Verbandsseite zudem gefordert, dass das Kapital für die Wiederherstellung des früheren Zustands im Falle des wirtschaftlichen Scheiterns des Golfplatzprojekts bereits vor Baubeginn sicherzustellen sei.

einbezogenen MIGROS. Diese bemängelte in ihrer Stellungnahme die schiefe Auswahl der Experten bzw. der involvierten Organisationen.

Da mit dem laufenden BUWAL-Projekt eines «Ehrenkodex» Verhandlungen praktisch institutionalisiert werden sollen, ist schon einleitend ein bedeutsamer prinzipieller Vorbehalt anzubringen, der auch im IDHEAP-Fachbericht zur Verhandlungscharta klar ausgesprochen wird. Die Berichtsautoren betonen, die grundsätzliche Frage nach den Grenzen des *empowerment* der Umweltverbände durch das Verbandsbeschwerderecht lasse sich nicht auf der Problemebene einer Verhandlungscharta angehen bzw. mit einem «Ehrenkodex» aus der Welt schaffen. Leider übersetzt dann der IDHEAP-Fachbericht im betreffenden Zitat *empowerment* ungenau und wertend mit «Stärkung» statt mit dem neutralen Begriff «Ausstattung», doch ist die Botschaft eindeutig: *«Die [...] ressourcenmässige Stärkung der Umweltorganisationen gehört, wie die Frage ihres Beschwerderechts, in die Agenda einer allgemeinen Revision der Umweltgesetzgebung [...]»* [IDHEAP 2002,

S. 76]. Demnach bewegen sich das BUWAL und die Befürworter der heutigen Verbandsbeschwerde mit dem Projekt einer Verhandlungscharta gleichsam auf einer falschen politischen Diskursebene, wenn sie damit der grundsätzlichen Kritik am Beschwerderecht der Verbände begegnen wollen. Das heisst: Ein «Ehrenkodex» ist kein Argument für das Verbandsbeschwerderecht und erst recht kein Ersatz für das festgestellte Ungenügen von Gesetzen und Verordnungen im Verbandsbeschwerderecht.

Angesichts der expansiven Verhandlungsdemokratie ist noch ein weiteres grundsätzliches Dilemma in Erinnerung zu rufen: Die Schweiz ist mit ihrer konfliktscheuen politischen Kultur bereits quer durch alle Politikbereiche ein extremer Verhandlungsstaat mit ausufernder Partizipation von Gruppeninteressen und unzähligen legitimierten Vetospielern. Diese ominösen strukturellen Bedingungen erklären nach Meinung vieler Experten zu einem grossen Teil die bereits notorische hartnäckige Wachstumsschwäche und die mangelnde Wirtschaftsdynamik der Schweiz. Wenn nun in einem weiteren Politikbereich Verhandlungszwänge faktisch institutionalisiert werden, wäre der Blick aufs Ganze nützlich, um beurteilen zu können, ob ein solcher Schritt in die richtige Generalrichtung führt. Das bei «Verhandlungsturbos» beliebte Argument, Verhandlungen gehörten doch zur politischen Kultur der Schweiz, klingt für den unbefangenen Betrachter der Verhältnisse tautologisch und unterliegt dem Fehlschluss, mehr vom (früher) Guten sei immer besser.

Der formellen Problematik von Kompetenzkonflikten mit demokratischen Institutionen begegnen die Anhänger des Verbandsbeschwerderechts und des damit ausgelösten Verhandlungsdrucks mit der Begriffsetikette «Mediation». Dies suggeriert die Schaffung einer neuen und fortschrittlichen Institution. Zum expandierenden Begriffsarsenal der Mediationsbefürworter gehören des Weiteren die schönen Ausdrücke «partizipativer Rechtsstaat» und «kooperative Planung». Hauptneuerung der Mediation in Verhandlungen ist der Beizug einer neutralen Drittperson als Mediator. Das Thema Mediation wird bei unveränderter Gesetzeslage im umweltrechtlichen Vollzug immer wichtiger werden. Mit einem offiziellen «Ehrenkodex» fördert man auch die Entwicklung zu einer Professionalisierung der Mediationstätigkeit. Eine der Folgen ist, dass sich bereits heute zahlreiche Anbieter von Mediationsdiensten in Stellung gebracht haben, und es sieht ganz danach aus, als ob sich hier rasch eine neue Dienstleistungsindustrie entwickeln wird.

Obwohl man die praktischen Auswirkungen eines «Ehrenkodex» nach den Vorstellungen des BUWAL noch nicht kennen kann, lassen sich ein paar problematische Punkte schon jetzt auflisten:

Grundsatz- und Wertefragen — Kaum je verhandelbar sind Grundsatz- und Wertefragen; dann geht es um alles oder nichts, und dies ist bei gewichtigen Projekten ziemlich oft der Fall. Der VCS unterscheidet vier Kategorien von Einsprachen; eine Kategorie ist die Verhinderungsbeschwerde, bei der es nichts zu verhandeln gibt.

Aufweichen von privaten Eigentums- und Handlungsrechten — Der Trend von institutionalisierten formalen Bewilligungsverfahren hin zu Verhandlungen mit moralisch geadelten, weil ideell handelnden Anwälten «öffentlicher Interessen» fördert den schleichenden Prozess der Aufweichung von privaten Eigentums- und Handlungsrechten, die eng mit individuellen Freiheitsrechten zusammenhängen. Sollten Verhandlungsergebnisse mit ungerechtfertigten eigentumsrechtlichen Konzessionen anschliessend gar noch als neuer Standard in die Vollzugspraxis eingehen, ist der Schaden perpetuiert.

Verhandlungsspielraum — Es muss beidseitiger Verhandlungsspielraum erkennbar sein. Vom Gesetzgeber gewollter und vom Bundesgericht bestätigter Spielraum im kantonalen und kommunalen Vollzug des Umweltrechts dient dem Anliegen der Einzelfallgerechtigkeit. Die Tendenz der

Vollzugsbehörden geht jedoch eher in die Gegenrichtung (bürokratische Verschärfungsspirale und standardisierte Formalisierung). Ein wichtiger Grund: Über den kommunalen Bewilligungsbehörden schwebt dauernd das Damoklesschwert der Verbandseinsprache, wenn sie die gewährte Handlungsflexibilität ausnützen wollen.

Machtgefälle — Das Machtgefälle zwischen den Verhandlungspartnern sollte nicht zu gross sein. Gegenwärtig lassen Beobachtungen des effektiven Verhandlungsverhaltens vermuten, dass die Voraussetzungen des Verbandsbeschwerderechts hier Ungleichgewichte schaffen: die Verbände bestimmen nicht nur weitgehend die Verhandlungsinhalte und -spielräume, sondern entscheiden auch, ob überhaupt verhandelt werden soll.

Verhandlungsanreize — Interessant wäre eine genauere Untersuchung der typischen real wirksamen Anreize der Hauptakteure für Verhandlungen. Idealerweise müssten alle Hauptakteure aus Verhandlungen Nutzen erwarten, d.h., es müsste eine echte «Win-win-Situation» vorliegen. Für Projektträger wären Verhandlungen dann geboten, wenn diese flexiblere und wirtschaftlich bessere Lösungen in Aussicht stellen als formalisierte Behörden- oder Gerichtsentscheidungen. Für Umweltverbände können Verhandlungen, z.B. durch Kompensationsgeschäfte, ebenfalls bessere Ergebnisse bringen als Behördenentscheidungen oder Rechtsverfahren. Die unter Projektträgern verbreitete Klage über einen faktischen Zwang zu Verhandlungen lässt allerdings vermuten, dass es auf jener Seite wenig positive Anreize zum Verhandeln gibt, sondern dass die Furcht vor Verlusten aus nicht absehbaren langwierigen Verfahren ein eher widerwillig kooperatives Verhalten bewirkt. Dies erinnert ein wenig an den Prototyp einer unechten «Win-win-Situation», nämlich an das Schutzgeldphänomen, wo die zu beseitigende Unsicherheit, d.h. das Schutzbedürfnis, von den Schutzgeldempfängern selbst produziert wird.

Sanktionsfreiheit — Weiche Verhaltensregeln ohne Sanktionsgefahr bei Verstössen erweisen sich möglicherweise als Papiertiger bzw. Feigenblätter. Die Frage stellt sich, ob *soft law* genügt, wenn gegenläufige Anreize wirksam sind. Die grundsätzliche Ablehnung jeglicher Sanktionsmöglichkeiten zeigt, dass selbst die geringste Einschränkung des Verbandsbeschwerderechts von den politischen Befürwortern abgelehnt wird.

Bindewirkung der Verhandlungslösungen — Zum Problem der Bindewirkung von Verhandlungslösungen gibt es unter den Verhandlungsparteien naturgemäss unterschiedliche Ansichten. Umweltverbände und ihre behördlichen und privaten Fürsprecher neigen zu einer rechtlich stringent abgestützten «Verewigung» von ausgehandelten Vereinbarungen. Projektträger fordern mit Unterstützung der ihnen gesonnenen Verwaltungsstellen genügend Flexibilität, damit auf nicht prognostizierbare technische und wirtschaftliche Entwicklungen reagiert werden kann. Gemäss IDHEAP haben Verhandlungslösungen rechtlich den Charakter einfacher Verfügungen, so dass Revisionen unter veränderten Bedingungen möglich wären. Diese Meinung ignoriert aber die Notwendigkeit, dass alle beteiligten Verhandlungsparteien einer Revision zustimmen müssten.

Minimes Kostenrisiko

Die faktische Befreiung der Umweltverbände von einer Beteiligung an den Kosten von Beschwerdeverfahren erhöht ihre Verhandlungsmacht. Die Kostenbefreiung wird primär damit begründet, die Umweltorganisationen handelten im öffentlichen Interesse und verfügten als ideelle Vereinigungen nur über sehr beschränkte Geldmittel zur Finanzierung von Verfahren.

Diese Argumentation leuchtet auf den ersten Blick ein, ist aber zu pauschal. So ist etwa bei der fundamentalen Opposition gegen demokratisch legitimierte Projekte wie am Kreuzplatz in Zürich oder bei Eurogate – im zweiten Fall selbst gegen die eigenen publizierten ökologischen Grundsätze – das behauptete öffentliche Interesse kaum klar zu erkennen. Jedenfalls steht es im Konflikt mit anderen öffentlichen Interessen. Die Ansicht, das Kostenrisiko dürfe für die zur Beschwerde berechtigten Organisationen nicht abschreckend wirken, weil diese ja öffentliche Interessen wahrnähmen, ist naiv, weil Missbrauchsfälle ausgeblendet werden. Es ist unrealistisch, anzunehmen, Missbrauch komme nie vor. Und Missbrauch ist sicher direkter und wirksamer über monetäre Sanktionen zu bekämpfen als über die Verpflichtung auf einen nicht durchsetzbaren Verhaltenskodex. Besteht für die Verbände kein Kostenrisiko, erhöht dies die Neigung, die Gerichte und Anwälte der Gegenparteien auch mit wenig fundierten Beschwerden zu beschäftigen und damit Projekte aufzuhalten.

Wie bereits erwähnt, vertrat das Bundesgericht im weiter zurückliegenden Beschwerdefall Richti jedenfalls noch dezidiert die Meinung, Missbrauch des Beschwerderechts müsse zu Kostenfolgen führen. Die damalige Ermahnung an den beschwerdeführenden VCS verdient es, wiederholt zu werden: *«Eine Möglichkeit, die Kosten zu begrenzen, läge im Übrigen in der Konzentration auf das Wesentliche [...] Der Beschwerdeführer muss damit rechnen, dass ihm in Zukunft Kosten, die vermeidbar gewesen wären, sogar im Falle des Obsiegens auferlegt bzw. nicht ersetzt werden.»*

Das Bundesgericht «bestrafte» auch den SHS im Beschwerdefall Kreuzplatz mit der höchstmöglichen Gerichtsgebühr von 5000 Franken, weil dieser trotz Wissen um die fehlende Legitimation eine offensichtlich aussichtslose Beschwerde erhob. Diese tief angesetzte Maximalgebühr wirft aber die Frage auf, ob in solchen Fällen nach dem Prinzip der Kostenverursachung die Verhältnismässigkeit gewahrt bleibt. Das Wissen um die Aussichtslosigkeit der Beschwerde und um die möglichen Kostenfolgen einer Niederlage haben den SHS nicht davon abgehalten, das Verfahren bis zur höchsten Instanz weiterzuziehen. Das Kostenrisiko beeinflusste in diesem Fall das Kosten-Nutzen-Kalkül des Beschwerdeführers offensichtlich in keiner Weise. Das scheint doch darauf hinzuweisen, dass diese bescheidenen Höchstlimiten der Kostentragpflicht als Verhaltensanreize kaum wirksam sind. Sie wurden wohl unter der Annahme so tief angesetzt, dass sich beschwerdeführende Organisationen rational verhalten und sich gewissen vernünftigen Verhaltensregeln unterwerfen.

Bürokratische Interventionsspirale

Maximierungsstrategie der Umweltverbände

Die aktuelle bürokratische Umweltpolitik greift stark in private Handlungsrechte ein. Sie entwickelt sich in einer eigendynamischen Verschärfungsspirale im Vollzug. Ökologischer Fortschritt heisst nach dieser Auffassung: noch mehr Eingriffe, Regeln und Restriktionen. Das Verbandsbeschwerderecht ist ein wichtiger Antrieb in der Vollzugsmaschinerie. In den Formulierungen des IDHEAP-Fachberichts zum BUWAL-Projekt einer «Verhandlungscharta» verfolgen die Umweltverbände aus ihrem Selbstverständnis heraus die «Strategie möglichst strenger Umweltauflagen» bzw. «Strategien evolutiv anzuhebender Umweltanforderungen für die Zukunft» [IDHEAP 2002]. Die Umweltbürokratie ihrerseits produziert unter dem Druck von Umweltverbänden und Umweltberatern detaillierte restriktive Verordnungen, welche über Verbandsbeschwerden zur Auslegung vor Gerichte gelangen. Diese entscheiden heute in der Regel mit einer sehr eingeschränkten formellen Sichtweise auf Einzelprojekte und schaffen damit Präzedenzfälle, auf der Ebene des Bundesgerichts Richtungsentscheide. Nun schliesst sich der Kreis, jedoch in Form einer Spirale: die Behörden agieren nun auf Basis dieser neuen Rechtsauslegung auf einem erhöhten Interventionsniveau.

Ausblendung der ökologischen Wirkungen

Zur Illustration der eigendynamischen Entwicklung ist der Vergleich der oben beschriebenen Beschwerdefälle «Richti Wallisellen» (BGE von 1997) und «Grüze Winterthur»(Entscheid des Zürcher Regierungsrats von 2002) aufschlussreich. Während das Bundesgericht im ersten Fall noch differenziert und aus einer ganzheitlichen Systemsicht – sogar mit Schützenhilfe des BUWAL – zur Frage des zusätzlichen Verkehrs Stellung nahm und die Rügen des VCS als unhaltbar und zum Teil widersprüchlich zurückwies, stützte sich der Zürcher Regierungsrat im zweiten Fall praktisch ausschliesslich auf zwei in der Zwischenzeit gefällte Richtungsentscheide des Bundesgerichts zur Frage der Erschliessung mit dem öffentlichen Verkehr.

Die Bürokratisierung zeigt sich in der zunehmenden Formalisierung der Entscheide und deren Entfernung von den konkreten Umweltfragen. Ein «nostalgischer» Blick zurück auf die ganzheitliche Argumentation des Bundesgerichts im Fall Richti lohnt sich, weil die gleiche Sichtweise für das Projekt Grüze ebenfalls angebracht wäre. Im Richti-Entscheid konterte das Bundesgericht die VCS-Rügen wie folgt: *«Eine zonenkonforme Überbauung mit verschiedenen kleineren, nicht UVP-pflichtigen Projekten würde ebenfalls Emissionen bringen, die insgesamt kaum geringer wären als jene aus dem geplanten Dienstleistungszentrum, zumal auch Betriebe mit intensivem Publikumsverkehr zugelassen wären [...] Dabei sei zu beachten, dass ohne die Realisierung des Projekts diese Verkehrsemissionen zumindest teilweise gleichwohl entstünden, indem Arbeitnehmerinnen und Arbeitnehmer, die in der Überbauung Richti tätig sein würden, sonst an einen anderen Ort fahren würden.»*

Die Formalisierung seit dem Richti-Entscheid erfolgte im Zusammenwirken verschiedener Elemente. Der kantonale Massnahmenplan und die Parkplatzwegleitung geben Regeln für die Verkehrserschliessung, den

Modal-Split Privatverkehr–öffentlicher Verkehr und für die Berechnung von Parkplatzzahlen vor. Diese Vorgaben haben zwar formal keine Gesetzeskraft, doch durch Auslegungen des Bundesgerichts in den Richtungsentscheiden «Adliswil» und «Dietikon» wurden Präzedenzfälle geschaffen, denen hohe Rechtswirkung zukommt. Nun können sich Verbände und Beschwerdegerichte auf diese Auslegungen stützen. Im Winterthurer Fall Grüze brauchte es deshalb die Verbandsrekurrenten überhaupt nicht mehr zu interessieren, ob das Projekt des Baufachmarkts im Vergleich zur vorherigen oder zu einer künftig möglichen alternativen Nutzung ökologisch besser oder schlechter abschneidet. Die Verbandseinsprache konnte mit der eingetretenen Rechtskonkretisierung in legalistischer Militanz einfach auf die zur Verfügung stehenden formalen Anknüpfungspunkte abstellen: ungenügende Erschliessung mit öffentlichem Verkehr. Dass Verbände diese zunehmende Formalisierung begrüssen und zu ihren Gunsten ausnützen, ist verständlich. Weniger verständlich ist dagegen, dass auch eine behördliche Beschwerdeinstanz wie der Zürcher Regierungsrat für die Problematik dieser Rechtsentwicklung nicht mehr Skepsis aufzubringen vermochte.

Planwirtschaftliche Denkweisen

Die Dynamik der bürokratischen Formalisierung resultiert in einer schleichenden Verschärfungsspirale. In der Verkehrsplanung ist dies besonders gut zu verfolgen. In behördlichen Planungsvorgaben (Massnahmenpläne, Wegleitungen) werden Regeln aufgestellt und zum Teil periodisch revidiert, die als Restriktionen gegen eine ungeregelte Entwicklung wirken. Eine zentrale Regelvorgabe betrifft die Berechnung der Parkplatzzahlen zur Bestimmung des so genannten Grenzbedarfs für verschiedene Nutzungen. Dazu gibt es sehr gut abgestützte Erfahrungszahlen. Die amtlichen Vorgaben liegen jedoch nach Aussagen von Experten – in restriktiver Richtung – teilweise unrealistisch weit entfernt von den allgemein bekannten Erfahrungszahlen.

Solche extremen Restriktionen bedeuten für gewisse Projekte das «vorgeburtliche» Todesurteil. Damit stehen die behördlichen Vorgaben latent auch im Konflikt mit dem siedlungsplanerischen Anliegen einer Verdichtung nach innen in städtischen Gebieten.

Durch die Rechtsprechung des Bundesgerichts und seine Auslegung von kantonalen Baugesetzen und Massnahmenplänen ist die Erschliessung mit dem öffentlichen Verkehr bei grösseren publikumsintensiven Projekten wie Einkaufszentren und Freizeitanlagen zu einem zentralen Bewilligungskriterium geworden. Diese Entwicklung des Rechtsvollzugs fördert unter anderem die Neigung zu planwirtschaftlichen Denkweisen in der Verkehrsplanung. Danach soll die Schaffung von öffentlichen Verkehrskapazitäten auf Vorrat, verbunden mit massiven Einschränkungen der Parkplatzzahlen, die Benützer solcher Einrichtungen zum Umsteigen auf öffentliche Verkehrsmittel bewegen. Die Vorstellungen der Verkehrsplaner, die diese Denkweise pflegen, scheint ziemlich weit von den Realitäten entfernt zu sein, wie sie sich beispielsweise wiederholt in Befragungen ausgedrückt haben.

Konflikt zwischen Raumplanung und Umweltschutz

Der über Jahrhunderte «von unten nach oben» gewachsene Föderalismus ist eine unveränderliche institutionelle Grunddeterminante der Schweiz, und dies hat auch Folgen für die Raumplanung. Planung ist ihrem Wesen nach zentralistisch und steht deshalb in einem latenten Dauerkonflikt mit den politischen Strukturen. Das seit Beginn der Raumplanung in den späten 1960er Jahren geläufige Zauberwort der «dezentralen Zentralisierung» erfasst das Dilemma begrifflich, ohne es wirklich auflösen zu können. Nach wie vor fördert der Föderalismus die räumliche Zersiedelung der Landschaft. Autonome Gemeinden und souveräne Kantone wollen alle wachsen und Unternehmen und Personen ansiedeln. Die planerische Abstimmung mit dem Umfeld über politische Grenzen hinweg funktioniert nach Aussagen von Raumplanern aber nur sehr beschränkt. Der föderalistische Vollzug der Raumplanung und des Umweltschutzes trägt zu einer fragmentierten Sicht und Praxis im Umgang mit den anstehenden Problemen bei.

Zudem sind auch die beschwerdeberechtigten Verbände in der Regel kantonal organisiert, und so kommen von dieser Seite nicht selten regional unterschiedliche, auch stark personenabhängige Interventionen, ohne erkennbaren Bezug zu einer gesamtschweizerischen *unité de doctrine*. Ein erfahrener Raumplaner umschrieb dies in einer Präsentation vor Experten konkret so: *«Die Strenge des VCS-Sektionschefs prägt die kantonalen Gepflogenheiten (bei Bauherren, Fachleuten, Verwaltung und Regierung).»*

Grenzwerte und Auflagen gegen raumplanerische Lösungen

Raumplanung sucht, quasi per Definition, die Gestaltung von oben nach unten, d.h. von grösseren zusammenhängenden Gebieten auf kleinere Einheiten hinunter. Umweltschutz nach heutiger Praxis setzt dagegen bei Einzelobjekten an und droht damit, Planungsentscheidungen zu unterlaufen. In mehreren der oben dokumentierten Fallstudien liess sich zeigen, dass raumplanerisch erwünschte Verdichtungen in städtischen Arealen durch Umweltauflagen für einzelne Neuprojekte verunmöglicht werden. Dazu liefern das ausdifferenzierte Umweltrecht und die heutige Vollzugspraxis die folgenden typischen Angriffspunkte:

Grenzwertkritisches Zentrumsgebiet — Im Richtplan des Kantons Zürich sind zwölf Zentrumsgebiete als Entwicklungsschwerpunkte ausgeschieden, um die internationale Wettbewerbsfähigkeit des Grossraums Zürich zu fördern und langfristig sicherzustellen. Wegleitend ist die Strategie der «Siedlungsentwicklung nach innen». Zentrumsgebiete für verdichtete Nutzungen sind aber nicht selten Standorte, die sich bezüglich Immissionen bereits im Bereich von gesetzlichen Grenzwerten bewegen. Hier entwickelt der Grundsatzartikel 11 des USG, gewöhnlich über Restriktionen für den Individualverkehr, seine bremsende Wirkung. Für Gebiete, in denen Belastungsgrenzwerte bereits erreicht oder überschritten sind, gilt eine höhere Gewichtung der Umweltaspekte gegenüber wirtschaftlichen Kriterien. So erklärte das Bundesgericht im richtungsweisenden Beschwerdefall Schlieren die durch den Mehrverkehr erwartete zusätzliche Luftbelastung von einem Prozent in diesem grenzwertkritischen Gebiet bereits als erheblich, was die Realisierung des betreffenden Bauprojekts schliesslich verhinderte.

Damit zeigt sich auch die grundsätzliche Problematik des geltenden Umweltrechts mit «Grenzwertdeckeln», was die räumlich extensive Verteilung der Immissionen fördert. In Kreisen von Raumplanern findet man deshalb leicht Anhänger eines Gegenmodells, nämlich einer Immissionsschwerpunkt-Politik. Dabei würden in bereits belasteten Gebieten Immissionsmehrbelastungen in Kauf genommen, um noch nicht oder wenig belastete Gebiete zu schonen. Dazu wären allerdings funktional konzentrierte Ansammlungen von verkehrsintensiven Nutzungstypen wie Einkaufszentren und Freizeitanlagen zuzulassen, wo sich die Leute nur vorübergehend aufhalten. Gemischte Nutzungen mit Wohnanteilen sind für dieses Schwerpunktmodell nicht geeignet.

Erschliessung mit dem öffentlichen Verkehr — Wie der oben dokumentierte Fall des projektierten OBI-Fachmarkts Grüze in Winterthur gezeigt hat, genügt heute auch die behördlich-gerichtlich definierte ungenügende Erschliessung mit dem öffentlichen Verkehr zur Be- oder möglicherweise gar Verhinderung eines Einkaufszentrums an einer wirtschaftlich und siedlungsplanerisch optimalen innerstädtischen Lage. Abgesehen davon, dass die öffentliche Verkehrserschliessung für einen Baumarkt praktisch irrelevant ist, weil er ohne Privatverkehr nicht wirtschaftlich operieren kann, brauchen effektive Immissionswirkungen eines Projekts gar nicht mehr zu interessieren. Wegleitend für diese Betrachtungsweise war der umweltrechtliche Richtungsentscheid betreffend das Kino- und Fachmarktzentrum in Adliswil ZH, wo das Bundesgericht die Erschliessung des Areals mit öffentlichen Verkehrsmitteln als ungenügend erachtete. Die verkehrsmässige Erschliessung eines Areals müsste aber sinnvollerweise bereits in der Raum- und Zonenplanung geregelt sein, so dass nachträgliche Konflikte um die Verkehrserschliessung beim Baugesuch für ein Einzelprojekt vermieden werden. Damit ist ein grundsätzliches Problem angesprochen, das selbstverständlich auch Auswirkungen auf den Einsatz und die Folgen von Verbandsbeschwerden hat. Wäre die Verkehrserschliessung unter Berücksichtigung rechtlicher Umweltvorgaben bereits richt- und zonenplanerisch vorgegeben, entfiele dieser Anknüpfungspunkt für Verbandsbeschwerden gegen ein zonenkonformes Einzelprojekt.

Auf diese Weise behindern sich Umwelt- und Raumplanungsrecht gegenseitig. Die fragwürdigen Folgen sind:

- die Verdrängung von Anlagen an den zweit- oder drittbesten Standort;
- suboptimale Strategien der Zerstückelung von Überbauungen, Vermeidung einer «funktionalen Einheit» zur Umgehung der UVP-Pflicht;
- eine volkswirtschaftlich schädliche Bevorzugung von Baubestand gegenüber Um- und Neubauten.

Einkaufs- und Freizeitzentren als Streitobjekte

Die häufigsten Auseinandersetzungen zwischen Projektträgern und Verbänden entstehen seit einigen Jahren um Einkaufszentren und Freizeitanlagen. Hier zeigen sich Konflikte zwischen raumplanerischen Zielen und umweltrechtlichen Restriktionen besonders deutlich, sind doch die typischen Standorte für solche Projekte innerstädtische Areale, die im Zuge der allgemeinen

Entwicklungsdynamik neuen Nutzungen zugeführt werden sollen. Solche Anlagen generieren viel motorisierten Privatverkehr, und sie sind in ihrer Wirtschaftlichkeit von diesem stark abhängig. Bei Einkaufszentren spielt der Komfort die entscheidende Rolle – vor allem an den verkehrsreichen Samstagen, wo mehr Waren und viel Sperriges eingekauft wird. Bei Freizeitanlagen (Kinos, Sport- und Vergnügungseinrichtungen usw.), die stark von jungen Leuten besucht werden, gehört zum Freizeiterlebnis typischerweise bei vielen auch die Autofahrt.

Die Abhängigkeit vom Verkehrsmittel Privatwagen gilt besonders für die dynamischen Segmente des betreffenden Marktes. Für die Periode 2002 bis 2004 erwarten Experten der Credit Suisse im Detailhandel die höchsten Wachstumsraten in den Handelssegmenten Wohnungseinrichtung, Gesundheitspflege sowie Unterhaltung, Erholung und Kultur. Für den Detailhandel mit Nahrungsmitteln und Getränken prognostizieren die Experten dagegen Stagnation [Credit Suisse Economic Research & Consulting 2002]. Gerade die wachsenden Segmente sind aber Magnete für den motorisierten Privatverkehr. Dabei geht es oft um Fachmärkte für sperrige Güter, für die sich öffentliche Transportmittel, Velos oder Fussmärsche nicht eignen.

Für die Wirtschaftlichkeit von Einkaufszentren sind die Wochenendumsätze entscheidend. An Samstagen werden gegen 30 Prozent der Wochenumsätze erzielt [Zahlenbeispiele in: Zürcher Hochschule Winterthur 2002]. Am Freitagabend und am Samstag ist die Knappheit an Parkplätzen am grössten. Die Betreiber von Einkaufszentren sind deshalb geneigt, das Parkplatzangebot auf diese begrenzten Perioden der Spitzennachfrage auszurichten. Diese Parkplatzpolitik leitet sich aus der ursprünglichen Konzeption der Gratisparkplätze ab. Eine ökonomisch begründbare Bewirtschaftung der Parkplatzknappheit über flexible Abstellgebühren scheint bisher bei Shoppingcenter-Betreibern kaum ein Thema zu sein. Eine gewisse Kostenbelastung der Verursacher entsteht als Folge der bisherigen Politik einer «passiven

Sanierung»: Die Such- und Wartezeiten mangels Parkplatzkapazität gehen vorwiegend zulasten der betroffenen Automobilisten.

Als Alternative zu den extrem interventionistischen Verkehrsbewirtschaftungskonzepten, die auf Druck des VCS bei verschiedenen UVP-pflichtigen verkehrsintensiven Anlagen in städtischen Gebieten durchgesetzt wurden, sollen heute so genannte Fahrleistungs- oder Fahrtenmodelle eine gewisse Flexibilität bieten, indem für die Begrenzung der Verkehrsbelastung auf eine Gesamtzahl von zulässigen Fahrten in einem ganzen Zentrumsgebiet abgestellt wird. Der Kanton Bern hat mit seinem Fahrleistungsmodell, das jetzt auch von den Bundesämtern BUWAL und ARE propagiert wird, Vorarbeit geleistet. Ziel ist es, die Ansiedlung von verkehrsintensiven Vorhaben (Einkaufszentren, Fachmärkte, Freizeiteinrichtungen usw.) im Sinne der gewünschten Entwicklung des Kantons mit geeigneten Anreizen am richtigen Ort zu fördern und am falschen Ort zu bremsen. Dabei wird im Berner Konzept auch ein gewisser technischer Fortschritt berücksichtigt, der Handlungsspielraum für zusätzliche Fahrten eröffnet.

Bereits gibt es aber Konflikte um die in Fahrtenmodelle einzubauende Flexibilität. So war der Tagespresse zu entnehmen, dass der VCS ein Fahrtenmodell für das geplante EM-Fussballstadion in Zürich mit der Begründung zurückwies, es enthalte zu viel Spielraum für Mehrfahrten. Von Planungsexperten wird auch gerügt, Fahrtenmodelle könnten durchaus auch verschärfend wirken, bestehende sinnvolle Nutzungen verdrängen und urbane Mischnutzungen beeinträchtigen. Solche Auseinandersetzungen um Verkehrskonzepte zeigen, dass das Grundproblem einer interventionistischen Kontrollpolitik im kleinräumlichen Massstab auch bei Fahrtenmodellen bestehen bleibt: weder Effizienzverluste durch nicht nachfragegerechte Verkehrsangebote noch der bürokratische Kontrollaufwand werden damit wesentlich abnehmen.

Das Berner Fahrleistungsmodell

(Zitiert aus BUWAL/ARE: Medienmitteilung vom 7. Nov. 2002)

So funktioniert das Fahrleistungsmodell

Das Fahrleistungsmodell beruht auf der Überlegung, dass aufgrund der erwarteten technischen Verbesserungen beim motorisierten Personenverkehr ein begrenztes Verkehrswachstum möglich ist, ohne die Ziele von Luftreinhaltung und Klimaschutz in Frage zu stellen. Anhand einer Emissionsbilanz wird aufgezeigt, dass die Ziele erreicht werden können, wenn die Fahrleistung des motorisierten Personenverkehrs (in Personenwagenkilometern pro Tag) im Kanton bis zum Jahr 2015 um nicht mehr als 8 Prozent oder 1,3 Millionen Kilometer ansteigt. Der lufthygienische Massnahmenplan legt fest, wie dieser Spielraum aufgeteilt und bewirtschaftet wird. Dabei wird etwas mehr als die Hälfte der 1,3 Millionen Personenwagen-Kilometer für die Grundentwicklung im ganzen Kanton reserviert. Der Rest kann zur Realisierung von verkehrsintensiven Vorhaben eingesetzt werden.

Der kantonale Richtplan verteilt die für verkehrsintensive Vorhaben zur Verfügung stehende Fahrleistung nach raumplanerischen Kriterien im Rahmen von Fahrleistungskontingenten. Im Vordergrund steht die Förderung der Zentren und Agglomerationen sowie von Entwicklungsschwerpunkten. Die konkrete raumplanerische Umsetzung, die Zuteilung von Fahrleistungen auf einzelne Standorte sowie die Bewirtschaftung der Kontingente erfolgt durch regionale Richtpläne. Weil dabei auch die durchschnittliche Länge der Fahrten zu einem Standort bewertet wird, werden besonders Anlagen in der Nähe von Bevölkerungsschwerpunkten gefördert. Damit steigt die Chance einer guten Erschliessung mit dem öffentlichen Verkehr. Für die einzelnen Standorte wird die Fahrleistung in Fahrten umgerechnet. Ein Investor muss nun die Dimension (Nutzungsmix, Verkaufsfläche) seines Projektes auf die Anzahl an Fahrten abstimmen. Weiter wird festgelegt, welche Massnahmen getroffen werden müssen, damit die Fahrtenzahl im Falle einer Überschreitung wieder auf das erforderliche Mass reduziert wird.

Das bewirkt das Fahrleistungsmodell

Mit dem Fahrleistungsmodell verfügt der Kanton Bern über eine Grundlage zur Beurteilung der Bewilligungsfähigkeit konkreter Projekte. So kann bei mehreren gleichzeitig laufenden Bewilligungsverfahren die vom Massnahmenplan Luft geforderte Gesamtsicht gewährleistet werden. Bezüglich der Anzahl Parkplätze erhält der Investor mehr Flexibilität: Wurde bis anhin oftmals um die konkrete Anzahl der Parkplätze gefeilscht, steht heute die Einhaltung der Fahrtenzahl im Vordergrund. Erste Erfahrungen mit dem Fahrleistungsmodell im Kanton Bern sind gut. Aktuelles Beispiel ist das Einkaufszentrum Bern-Brünnen, dessen Planung auf den Vorgaben des Fahrleistungsmodells basiert.

Spitzfindigkeiten um die «funktionale Einheit»

In jüngerer Zeit eröffnet sich im Zuge der siedlungsplanerisch erwünschten innerstädtischen baulichen Verdichtung ein neues Kampffeld. Durch den geplanten Ausbau von Gebieten mit publikumsintensiven Nutzungen wie Einkaufs- und Freizeitanlagen entbrennt immer öfter der Streit um die funktionale Einheit von benachbarten Anlagen. Der auf diesem Feld besonders aktive VCS versucht, bei diesen Projekten einen funktionalen Zusammenhang zwischen Einzelanlagen herzustellen. Dies ermöglicht es, UVP-relevante Kriterien wie Verkaufsflächen und Parkplatzzahlen zu addieren, so dass Grenzwerte für die UVP-Pflicht oder Vorgaben aus kantonalen Wegleitungen überschritten werden. Für die Einsprachemöglichkeiten und den Einfluss der beschwerdeberechtigten Verbände ist dies entscheidend.

Projektträger und Bauherren sind dagegen bestrebt, eine solche funktionale Einheit zu vermeiden, obwohl dies in den meisten Fällen raumplanerisch und ökologisch zu suboptimalen Lösungen zwingt. Der Konflikt lenkt das gestalterische Können von Planern in eine fragwürdige Richtung; es werden Ressourcen verschwendet, die man eher für bessere Lösungen einsetzen sollte. Oder in den Worten eines Planungsexperten: *«Wir beschäftigen uns in Orts- und Gebietsplanungen hauptsächlich mit dem knappen Unterschreiten der Schwellenwerte für Parkplätze und Verkaufsflächen. Realisiert wird, was keinen planerischen, gestalterischen und funktionellen Zusammenhang aufweist.»*

Die Auseinandersetzungen um die «funktionale Einheit» haben inzwischen zu einer gewissen Klärung der massgebenden Beurteilungskriterien geführt, wobei aber eine beträchtliche Rechtsunsicherheit bestehen bleibt. Die diskutierten Kriterien sind primär die folgenden:

Eigentümerschaft — Aus dem Kriterium der gleichen bzw. unterschiedlichen Eigentümerschaft von benachbarten Einrichtungen leiten sich die Vermeidungsstrategien von Projektträgern ab, die zu beobachten sind: das zu überbauende Gebiet wird auf zwei (oder mehrere) Eigentümer aufgeteilt. Ein praktisches Beispiel illustriert die Problematik: An einem Standort lagen ein Coop- und ein Waro-Einkaufszentrum in direkter Nachbarschaft. Die beiden Zentren galten aber umweltrechtlich als funktional getrennt und wurden auch so behandelt. Durch die Übernahme der Waro durch Coop fiel an diesem Standort eines der Kriterien der funktionalen Trennung weg: die unterschiedliche Eigentümerschaft. Zusätzliche Restriktionen (Verkehr, Parkplätze) als Folge einer solchen rein formalen Änderung scheinen aber wenig sinnvoll, und sie widersprechen dem Grundsatz der Rechtsgleichheit.

Verkehrssystem/Zufahrten zu Parkierungsanlagen — Bei verschiedenen Bauten und Projekten werden zur Vermeidung eines funktionalen Zusammenhangs Zufahrten zu Parkgaragen getrennt geführt, obwohl eine gemeinsame Zufahrt möglich und sogar sinnvoller wäre. Für getrennte Zufahrten sind gelegentlich auch neue Quartierstrassen zu bauen oder zu bezeichnen. Im Fall des ursprünglichen dreiteiligen Projekts «Airport Business Park» hätte mit einer Verbindungsstrasse, allerdings über die Gemeindegrenze zwischen Rümlang und Glattbrugg hinweg, eine getrennte Zufahrt zu den Parkgaragen der einzelnen Gebäude realisiert werden können.

Gestalterische Differenzierung — Eine funktional getrennte Betrachtungsweise versuchen Projektträgerschaften heute auch durch gestalterische Differenzierung von einzelnen Überbauungsteilen auf grösseren Arealen zu erreichen. Auch aus gestalterischer Sicht führt solches Vermeidungsverhalten zu suboptimalen Lösungen.

Etappenweise Überbauung — Auf den meisten grossen Arealen werden heute, oft aus wirtschaftlichen Gründen, zeitlich gestaffelte Projekte realisiert. In Kombination mit den oben genannten Vermeidungsansätzen unterstützt auch die zeitliche Fragmentierung von Projektausführungen die Betrachtungsweise der funktionalen Trennung. Allerdings ist eine Etappierung, die im Grunde nur die funktionale Trennung anstrebt, wirtschaftlich nachteilig, weil dann die Erschliessung in der Regel auch etappiert werden muss.

Ähnliche Rechtsunsicherheiten wie bei der Frage der funktionalen Einheit bestehen auch bei Umnutzungsgesuchen. Umnutzungen bilden geradezu die Essenz einer dynamischen Wirtschaft, die nach bestmöglicher Nutzung ihrer knappen Ressourcen strebt. Solche betrieblichen Optimierungen durch Konzentration und Modernisierung unter Ausnützung von Skaleneffekten haben in der Regel auch eine positive Umweltwirkung (Reduktion von Emissionen und Energieverbrauch). Doch die potenzielle Pflicht zur Erstellung einer neuen Parkplatzberechnung behindert diesen Entwicklungsprozess.

Typische Umnutzungsbeispiele liefern aktuell die Grossverteiler, da der Detailhandel unter Wettbewerbsdruck einem ständigen Prozess des Strukturwandels unterliegt:

- Der Nonfood-Bereich wird auslagert, dafür der Food-Bereich erweitert;
- der Bürotrakt soll in einen Möbelfachmarkt umgebaut werden;
- ein Food-Geschäft soll in einen Fachmarkt umgewandelt werden.

Was im einen Fall als Nutzungsänderung ohne Einsprachen bewilligt werden konnte, misslang an einem anderen Ort. Die UVP-Pflicht hätte hier zu einem erheblichen Rückbau der bestehenden Parkplatzzahl geführt, so dass die Projektträger das Umnutzungsprojekt zurückzogen.

Die zahlreichen praktischen Erfahrungen zeigen, was zu erwarten war: die heutige umweltrechtliche Praxis diskriminiert Grossanlagen und planerisch

Eine Story aus der Glatttal-Stadt (aus der Sicht eines Raumplaners)

① Ein bestehendes Shoppingcenter (Hauptmieter COOP) kann nicht erweitert werden, weil der erhebliche Parkplatzbestand verloren ginge.

② Auf der anderen Seite der Quartierplanstrasse entsteht zurzeit ein Fachmarkt-Solitär mit weniger als 5000 m² Verkaufsfläche (UVP-Vermeidung).

③ Auf der anderen Hauptstrassenseite entstand ein Fachmarktzentrum (MIGROS als Hauptmieter).

Das Mass ist voll: Die Gemeinde beschliesst in der Bau- und Zonenordnung eine Verkaufsflächenbeschränkung (max. 2000 m² Verkaufsfläche, kleine Verkaufsflächen für die Strassenbelebung).

④ Ein neues Fachmarktprojekt mit sechs Gebäuden zu je 1900 m² Verkaufsfläche mit je eigener Erschliessung und Architektur kann nur dank einer Gestaltungsplanpflicht verhindert werden. Jetzt steht eine Baueingabe für 1900 m² Verkaufsfläche und etwa 500 m² Restaurant (zwei separate Gebäude mit je eigener Erschliessung) in Aussicht.

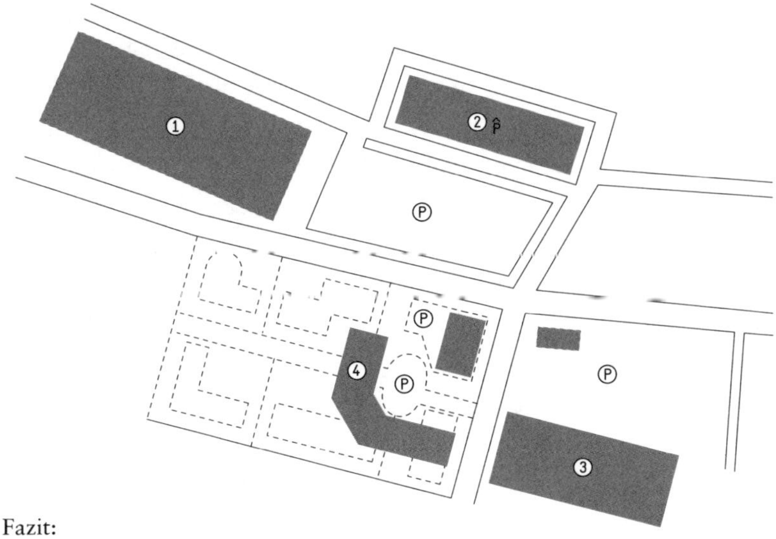

Fazit:
- Ein (sinnvolles) Gesamtprojekt war nicht bewilligungsfähig
- Fragmente als städtebaulich fragwürdige Lösung
- Jetzt gibt es noch mehr Parkplätze
- Gestaltungsplanpflicht als Notbremse auf Baulandreserven

sinnvoll integrierte Gesamtüberbauungen. Zudem wirkt sie strukturerhaltend, weil bestehende Anlagen, deren Ausbau unter dem Damoklesschwert der UVP-Pflicht steht, «eingefroren» werden.

«Strategische UVP» als Lösung?

Allein im Raum Zürich–Winterthur finden sich an zahlreichen Standorten Beispiele für die geschilderte Problematik zur Vermeidung von UVP und Verbandsbeschwerde. Die suboptimale Fragmentierung von Überbauungsprojekten oder das Einfrieren von Strukturen ist z.B. auf dem Hegi-Areal in Winterthur, in der Umgebung des Glatt-Zentrums in Wallisellen (Richti-Areal), bei Projekten in Zürich Nord, in Volketswil und in der Umgebung des Einkaufszentrums Letzipark in Zürich zu verfolgen. Auch das Neubauprojekt der IKEA in Spreitenbach unterliegt diesen Zwängen und Nachteilen der Einzelprojektbetrachtung. Gefordert wäre eine Gebiets- statt eine Objektbetrachtung, und auf der Planungsebene wären vorgängig Eignungs- und Ausschlussgebiete festzulegen. Mit der heutigen Grenzwertpolitik fällt dies allerdings schwer, denn Eignungsgebiete werden zu streng behandelt. Dies führt tendenziell zu Mehrbelastungen in anderen Gebieten durch Ausweichen auf weniger belastete Standorte.

Eine gewisse Flexibilität in der Lösung von Konflikten zwischen Siedlungsplanung und Umweltrecht ergibt sich aus den zugestandenen Fristen für die Wirkung von Sanierungsmassnahmen aus Massnahmenplänen. Sodann scheint die Rechtsprechung des Bundesgerichts den Gemeinden bei Baubewilligungen an zentralen Standorten doch gewisse umweltrechtliche Spielräume zuzugestehen, etwa in der konfliktträchtigen Festlegung von Parkplatzzahlen. Inwieweit dieser Eindruck zutrifft, sollte unter anderem das laufende Beschwerdeverfahren im beschriebenen Fall des Baufachmarkts Grüze (Winterthur) zeigen.

Das Problem des latenten Konflikts zwischen Raumplanung und Umweltschutz wird inzwischen auch offiziell anerkannt. In der Bundesverwaltung sind Bestrebungen für eine verbesserte Koordination zwischen den beiden Bereichen im Gang. Umweltanliegen sollen künftig in einem frühen Stadium des Planungsprozesses bereits in die Raum- und Siedlungsplanung integriert werden. Angestrebt wird eine Vorverlegung von emissionsbegrenzenden Massnahmen von der Projekt- auf die Planungsstufe, indem lufthygienische Vorgaben bereits in die Raumplanung (d.h. in die kantonalen Planungs- und Baugesetze, Richtpläne usw.) einfliessen.

Aus einen gemeinsamen Bericht des BUWAL und des BUNDESAMTS FÜR RAUMPLANUNG (ARE) [BUWAL und ARE 2002] wird die angestrebte Koordinationshierarchie zwischen Raumplanung und Umweltschutz deutlich: Die umweltrechtlichen Vorgaben haben nach Auffassung der Bundesbehörden in die raumplanerischen Regelungen einzufliessen, damit die Immissionsgrenzwerte auch dann eingehalten werden, wenn das Konzept der Verdichtung in Zentrumsgebieten verfolgt wird. Das lässt sich aber auch so ausgelegen, dass den Umweltvorgaben gegenüber raumplanerischen Anliegen höhere Priorität eingeräumt wird. Dazu passt auch, dass in diesem Zusammenhang die Ausdehnung des Verbandsbeschwerderechts in die Nutzungsplanung propagiert wird, um die Nutzung und Wirkung des Verbandsbeschwerderechts durch Verfahrensverkürzungen und Koordination mit der Raumplanung ja nicht zu schmälern [vgl. MARTI 2000].

Auch unter Raumplanungsfachleuten ist als Reaktion auf die unbefriedigenden Zustände die Forderung nach einer «strategischen UVP» auf Planungsebene im Gespräch. An der heutigen UVP wird von Raum- und Verkehrsplanern konkret kritisiert, sie komme zu spät, sei ein zahlenlastiger Papiertiger und das Mass der Dinge sei die Vermeidung eines Verbandsrekurses. Mit einer strategischen UVP liesse sich nach dieser Auffassung die problematische Einzelobjektfixierung überwinden – allerdings nur unter entsprechender Einschränkung von UVP und Verbandsbeschwerde auf der Ebene des Einzelprojekts.

Die Einführung einer strategischen UVP ist aber nicht unproblematisch. Denn sollte dies im Endergebnis die Ausdehnung des Verbandsbeschwerderechts auf Sondernutzungs-, Zonen-, Richt- und Sachpläne nach sich ziehen, könnte dies zu einer Verfälschung der Raumplanung führen. Diese strebt eine umfassende Interessenabwägung an, die – im Gegensatz zur UVP – einzelne Objekte räumlich und zeitlich in einen Gesamtzusammenhang einordnet. Wegleitend für die Raumplanung ist das Prinzip der Nachhaltigkeit, das mit dem Einbezug von wirtschaftlichen und sozialen Bedürfnissen weiter gefasst ist als die für die UVP und die Verbandsbeschwerde massgebende Umweltverträglichkeit.

06 /

KOSMETIK, REFORM ODER ABSCHAFFUNG?

In die Jahre gekommen

Die in dieser Untersuchung beschriebenen Fälle sowie das Verhalten der Hauptakteure sind in einem grösseren Zeitrahmen zu beurteilen. Nach fast 20 Jahren ausgiebiger Praxis mit dem Verbandsbeschwerderecht neigt sich ein erster Erfahrungszyklus zu Ende. Das Verbandsbeschwerderecht nach NHG und USG ist in die Jahre gekommen und bedarf einer unbefangenen und grundsätzlichen Überprüfung. Die BUWAL-Evaluation liefert dazu zwar interessante Einsichten, ist aber lückenhaft, verdichtet beschränkte statistische Daten zu unhaltbaren Pauschalurteilen und beeinflusst die politische Meinungsbildung in fragwürdiger Weise.

Man kann eine abstrakte Rechtskonstruktion wie das Umweltrecht als Theorie begreifen, die sich praktisch bewähren muss. Die tatsächlichen Auswirkungen von komplizierten Rechtsgebilden sind nicht verlässlich voraussehbar; die Gesetzgeber entscheiden vorwiegend aufgrund von Annahmen. Regelmässig werden dabei plausibel erscheinende Direktwirkungen überbewertet und mögliche Neben- und Folgewirkungen ausgeblendet. Eine Rückkoppelung zwischen praktischen Ergebnissen und Rechtssetzung ist deshalb angezeigt, um Diskrepanzen zwischen Absichten des Gesetzgebers und tatsächlichen Wirkungen zu korrigieren. Sowohl die Bemühungen des BUWAL als auch die parlamentarischen Initiativen HOFMANN und FREUND sind als Bestrebungen zu sehen, Folgerungen aus den bisherigen Erfahrungen zu ziehen. Während das BUWAL mit seinem «Ehrenkodex» für Verhandlungen gleichsam kosmetische Verbesserungen anstrebt, ist die parlamentarische Initiative HOFMANN als substanzieller Reformversuch zu verstehen. Die Initiative FREUND dagegen fordert in einem radikalen Schritt die ersatzlose Abschaffung der Verbandsbeschwerde.

Lange Problemliste

Wie sind diese Reaktionen im Lichte der Ergebnisse der vorliegenden Untersuchung zu bewerten? Ausgangspunkt für die Beurteilung sind die in den Fallbeispielen gespiegelten Kernprobleme des Verbandsbeschwerderechts:

Staatspolitische Grundproblematik — Mit dem Verbandsbeschwerderecht bleibt die Wahrung öffentlicher Interessen nicht den durch Verfassung und Gesetz berufenen Instanzen (einschliesslich dem Souverän) vorbehalten, sondern wird zusätzlich privatrechtlichen Vereinigungen und Stiftungen anvertraut. Diese rücken damit in eine verfassungsrechtlich problematische Sonderstellung auf. Die Beschwerdeexperten einzelner Verbände sind von dieser Sonderstellung mittlerweile so überzeugt, dass sie im «offiziellen» Schriftverkehr eine verwaltungsrechtliche behördliche Sprache führen.

Risiko der Einseitigkeit — Die Verbände vertreten mit dem Druckmittel der Beschwerde bloss spezifische öffentliche Interessen, nämlich jene, die ihren Verbandsanliegen entsprechen, während konkurrierende, unter Umständen gar übergeordnete öffentliche Interessen im Sinne des Nachhaltigkeitsprinzips über keine entsprechend ausgerüsteten Anwälte und Interventionsmittel verfügen.

Latenter Konflikt mit demokratischen Entscheidungen — Mit der institutionalisierten Verbandsbeschwerde ist der Konflikt zwischen Volksentscheiden und opponierenden Verbandseinsprachen im schweizerischen politischen System latent angelegt. Dass dies nicht blosse Theorie ist, zeigen die Fallbeispiele Eurogate und Kreuzplatz.

Gefährliche Verschärfungsspirale — Eine Umweltpolitik, die auf einem komplexen Rechtsinstrumentarium und bürokratischem Vollzug beruht, neigt quasi aus sich heraus zur Verschärfung und zu überschiessenden Interventionen sowie zur Bildung von Interessenkoalitionen, die sich für die Ausdehnung ihres Einflusses und ihrer Position einsetzen. Die Gefahr des Überschiessens ergibt sich besonders aus den Verhandlungen, wo die Verbände ohne Gefahr von Sanktionen Druckmittel einsetzen, um schärfere als die gesetzlich vorgesehenen Auflagen durchzusetzen.

Unterschätzte Verhandlungsmacht der Verbände — Die Macht von Projektentwicklern und Investoren wird systematisch überschätzt. Wegen des hohen Schadenspotenzials der Verzögerungen durch Verbandseinsprachen sind Projektträger in vielen Situationen faktisch erpressbar. Die Wirtschaftlichkeit von Projekten misst sich nicht am Projektvolumen, sondern an der erwarteten Rendite. Diese reagiert sehr sensibel auf Störungen durch unvorhersehbare Verzögerungen oder Mehrkosten.

Verkehrte Ökologie — In mehreren der analysierten Fälle intervenierten die Verbände gegen ökologisch vorteilhafte Projekte, im Fall Eurogate auch im Widerspruch zu den eigenen publizierten Grundsätzen. Dies ist deshalb möglich, weil die UVP und die sich verschärfenden Umweltauflagen der Vollzugsbehörden punktuelle Kriterien definieren, an denen die Verbände ansetzen. Die ökologische Gesamtbilanz gerät aus dem Blickfeld, weil die Bewilligungskriterien für Baugesuche in der geschilderten Verschärfungsspirale immer formalistischer werden.

Konflikt der Umweltpolitik mit der Raumplanung — Am Einzelobjekt ansetzende Verbandseinsprachen verhindern in städtischen Agglomerationen immer öfter die Realisierung raum- und stadtplanerisch vernünftiger Projekte (Stichwort: Verdichtung nach innen). Die Verbände und Gerichte können dazu inzwischen auf Bundesgerichtsurteile zurückgreifen, die aufgrund der Gesetzes- und Verordnungslage diese Tendenzen richtungsweisend verstärken. Es besteht ein dringender Handlungsbedarf, um eine dem Gesamtwohl dienende Hierarchie der Interessen von Raumplanung und Umweltschutz herzustellen.

Nationale gegen lokale Interessen — Am Beispiel der Beschwerden gegen die Autobahn-Westumfahrung Zürich zeigt sich, welch unverhältnismässiges Gewicht in einem solchen Verfahren den quartierlokalen Interessen im Widerstreit mit dem gesamtschweizerischen Anliegen an der möglichst raschen Schliessung einer kritischen Netzlücke zukommt.

Enge Systemgrenzen — UVP und Verbandsbeschwerden betreffen immer Einzelobjekte. Daraus ergibt sich zwingend eine zu enge Systemabgrenzung, insbesondere für die Verkehrsplanung und die Bewertung der Verkehrsbewegungen. Potenziell beträchtliche kompensierende Effekte jenseits der Systemgrenzen geraten aus dem Blickfeld. Ein neues Einkaufszentrum in der Nähe erspart längere Fahrten an andere Standorte.

Unterschätzte volkswirtschaftliche Kosten — Die volkswirtschaftlichen Kosten von Projektverzögerungen und -verhinderungen gehen oft weit über die zusätzlichen oder abzuschreibenden Planungs- und Projektierungskosten hinaus. Eine Nichtrealisierung oder eine verzögerte Nutzung verursachen Opportunitätsverluste, die zwar meist schwer präzis zu beziffern, aber in ihren Grössenordnungen doch bedeutend sind.

Sanktionslose Beschwerdeführung auf fremde Kosten — Die Kostentragpflicht ist für die beschwerdeberechtigten Verbände selbst bei offensichtlichem Missbrauch des Rechtsmittels so tief angesetzt, dass davon keine Disziplinierungswirkung ausgeht.

Nachteile der Aktivlegitimation — Aufgrund der heutigen Regelung kann die Zahl der beschwerdeberechtigten Verbände nur zunehmen. Zudem sind die Kriterien für die Aufnahme ins Beschwerdekartell sehr «weich». Insbesondere fehlt die Auflage einer Rechenschaftspflicht nach vorgegebenen Mindestregeln. Insbesondere handeln mangels innerverbandlicher Demokratie und gar mangels jeder Mitgliedschaft bei Stiftungen die kooptierten Funktionäre quasi im leeren Raum. Auch lassen die Aufnahmekriterien keine Sanktionierung durch (temporären) Ausschluss zu, wenn dies aufgrund missbräuchlichen Beschwerdeverhaltens angezeigt wäre.

Mangelhafte Rechenschaftspflicht — Wer beansprucht, öffentliche Interessen zu vertreten, müsste sich strengen Rechenschaftspflichten und Transparenzanforderungen unterziehen. Als Orientierung könnten die gegenwärtig laufenden «Corporate Governance»-Bestrebungen für die Privatwirtschaft dienen. Damit liesse sich das NGO-typische Legitimationsdefizit bei den beschwerdeberechtigten Verbänden wenigstens teilweise mindern.

Punktuelle Reformversuche durch «soft law» — Mediationsverfahren, wie im vorgesehenen BUWAL-«Ehrenkodex» institutionalisiert, ändern nichts an den Kernproblemen. Die staatspolitische Grundproblematik wird sogar noch verschärft, denn das geltende öffentliche Recht kann nicht zur Disposition privater Verbände und Mediatoren stehen. Auch verfahrensmässig kann Mediation in die falsche Richtung weisen, nämlich zu noch unbestimmterer, noch komplexerer Durchführung von Bewilligungsprozessen.

Öffentliche und private Interessen im freiheitlichen Rechtsstaat

Grundsätzlich obliegt die Vertretung und Durchsetzung legitimer öffentlicher Interessen dem Staat. Seine diesbezüglichen Handlungen unterstehen aber strengen Rechtfertigungsanforderungen. Das Verbandsbeschwerderecht delegiert in einer für den Rechtsstaat problematischen Weise die Vertretung von öffentlichen Interessen im Vollzug des Umweltrechts an private «ideelle» Organisationen. Eine solche Entwicklung stützt die allgemeine Wahrnehmung, öffentliche Interessen seien höherwertig.

Sowohl in der umweltpolitischen Debatte als auch in der praktischen Politik generell spielt der Rückgriff auf öffentliche Interessen heutzutage eine immer wichtigere Rolle. Immer mehr verbreitet sich eine Haltung, die – oft in bloss diffuser Empfindung – öffentliche Interessen unbesehen als höherwertig einstuft als private. Die Anrufung öffentlicher Interessen verleiht einem Anliegen besonderes moralisches Gewicht. Wer öffentliche Interessen vertritt, gilt als ideell motiviert, während private Interessen in dieser Sichtweise stets nur den individuellen materiellen Vorteil suchen. Dabei weiss man aus der neueren politischen Theorie, dass «öffentliche Interessen» im politischen Prozess immer von siegreichen Interessengruppen definiert sind. Es gibt keine abstrakte und neutrale Auslegungsinstanz.

Die Tendenz, öffentliche gegenüber privaten Interessen höher zu stellen, sollte in einer freiheitlichen Gesellschaftsordnung Reaktionen auslösen. Ein gesellschaftliches System zeigt im konkreten Abwägen zwischen privaten und öffentlichen Interessen sein eigentliches Gesicht. Je mehr aus einem behaupteten öffentlichen Interesse in private Handlungs- und Entscheidungsrechte eingegriffen wird, desto näher gelangt man dem Modell einer kollektivistischen Gesellschaft. Im liberalen demokratischen Rechtsstaat hat die Verfassung primär den Zweck, das Handlungsfeld des Staates gegenüber dem Einzelnen abzugrenzen, ihn also vor den Eingriffen des Staates zu schützen. Private Interessen haben grundsätzlich Priorität vor kollektiven Interessen. Diese Hierarchie hat sich gelohnt: Die Wohlstandsgesellschaft ist primär das Ergebnis aus dem ungeplanten produktiven Zusammenwirken privater Interessen im Rahmen einer verlässlichen Rechtsordnung. Dagegen herrschen in Ländern, in denen dieser produktive Prozess durch Staatseingriffe aus «öffentlichem Interesse» übermässig behindert oder gar verhindert wird, Armut, Ungerechtigkeit und Umweltzerstörung.

Verdrängte «Entmutigungskosten»

In der Schweiz, deren Volkswirtschaft seit über zehn Jahren praktisch nicht mehr wächst, müssten insbesondere die «Entmutigungskosten» zu denken geben, welche die langwierigen und durch Beschwerden unsicher gemachten Projektverfahren verursachen. Die Geld- und Zeitkosten von Bewilligungsverfahren haben einen wesentlichen Einfluss auf die Wirtschaftlichkeit von Projekten. Man bewegt sich in den betroffenen Branchen in wettbewerbsintensiven Märkten, die keine übermässigen Projektrenditen zulassen. Werden Projekte durch Unsicherheiten und «Störkosten» zusätzlich belastet, ist die Wirtschaftlichkeit sehr rasch nicht mehr gegeben. Und wenn in einem Land aus Erfahrung solche Zusatzbelastungen zum Vornherein als praktisch unvermeidlich und in ihrer Höhe und Dauer nicht voraussehbar gelten, packen Projektentwickler und Investoren grosse Vorhaben eben gar nicht erst an oder verlegen ihre Investitionen in andere Regionen.

So stellt sich für die Schweiz beim Verbandsbeschwerderecht heute die entscheidende Frage, wie viel Sand im Getriebe man sich im internationalen Standortwettbewerb noch leisten kann und will. Dabei geht es ausdrücklich nicht um einen Trade-off von mehr Wachstum gegen weniger Ökologie. Die vorliegende Untersuchung liefert genügend Hinweise, dass der Vollzug des Umweltrechts mit der heutigen Ausgestaltung des Verbandsbeschwerderechts – auch ökologisch – ineffizient bis kontraproduktiv ist.

Verbandsbeschwerde: Reformieren oder abschaffen?

Die Frage, ob das Verbandsbeschwerderecht reformierbar ist oder die aufgezeigten Probleme nur durch eine Abschaffung dieses Instrumentes zu lösen sind, ist nicht abschliessend zu beantworten. Immerhin förderten die Fallstudien zahlreiche Hinweise zutage, dass sich über die Jahre negative

Mechanismen etabliert haben, die nur schlecht durch Reformen beseitigt werden können. Sicher greifen die vom BUWAL angestrebten Verbesserungen nicht auf der Ebene der wahren Problemursachen. Ein Verhaltenskodex für Verhandlungen hat, gemessen an den aufgeworfenen grundsätzlichen Fragen, eher deklamatorischen Charakter und führt erst noch in die falsche Richtung, weil rechtsstaatlich problematische Arrangements institutionalisiert zu werden drohen.

Die parlamentarische Initiative HOFMANN strebt eine Reform durch die Verwesentlichung von UVP und Verbandsbeschwerderecht an. Dabei sollen vor allem die Kriterien, die eine UVP auslösen bzw. zur Intervention eines Verbandes führen können, enger gefasst werden. Damit soll die Menge der Projekte, die vom Verbandsbeschwerderecht betroffen sind, deutlich reduziert werden. Bei diesem Ansatz besteht allerdings die Gefahr, dass die bestehende «UVP- und Beschwerdeindustrie» Wege findet, sich den neuen Verhältnissen anzupassen, also auch innerhalb eines geänderten Kriterienkatalogs Ansätze für Interventionen konstruiert werden können. Dem Postulat der Verwesentlichung läuft auch die internationale Tendenz zur Ausweitung der UVP-Pflicht durch die Unterstellung raumplanerischer Aktivitäten und Entscheidungen entgegen, wie dies bereits durch entsprechende EU-Richtlinien eingeleitet worden ist. Zudem würde durch die skizzierte Verwesentlichung die an mehreren Fallbeispielen dokumentierte Problematik der Verhandlungsmacht der Verbände bei komplexen Grossprojekten nicht beseitigt. Es ist deshalb nicht unverständlich, dass einige Kritiker der Verbandsbeschwerde Remedur nur durch deren Abschaffung erwarten, was mit der parlamentarischen Initiative FREUND gefordert wird.

Die oben aufgelisteten Kernprobleme der Verbandsbeschwerde geben einen Hinweis, in welche Richtung eine weitergehende Reform zielen müsste. Statt die Menge der Beschwerdefälle über eine Verwesentlichung der UVP zu reduzieren, liesse sich nämlich die Beschwerdetätigkeit der Verbände auch über höhere Legitimationshürden und Sanktionsmöglichkeiten beschränken. Damit wäre auch der gewichtigen Kritik aus dem staatsrechtlichen Lager wenigstens teilweise Rechnung getragen. Diese sieht in der unkontrollierten Aktivität der Verbände eine Gefahr für die schweizerische partizipative Regierungsform, die auf breiter Beteiligung, aber eindeutiger Verantwortung bei den politischen Amtsträgern beruht. Eine so angelegte Reform des Verbandsbeschwerderechts könnte etwa folgende Regelungen umfassen:

- Die Berechtigung zur Beschwerde wird von der öffentlichen Rechenschaftslegung über die Verbands- bzw. Stiftungstätigkeit nach bestimmten Mindestregeln abhängig gemacht.
- Die beschwerdeberechtigten Verbände müssen ihre interne Legitimation deutlich verbessern. Eine demokratische, dokumentierte interne Willensbildung zu Beschwerdebeschlüssen (im Vorstand, unter den Mitgliedern oder gar durch Urabstimmung) ist als Regel und als Voraussetzung für die Beschwerdeberechtigung einzuführen.
- Die Beschwerdeberechtigung wird einer bestimmten Maximalzahl von Organisationen verliehen, etwa in Verbindung mit einem Rotationsverfahren.
- Sollten Verhandlungen durch den BUWAL-«Ehrenkodex» doch noch zum Normalfall werden, müssen kompensierend weitere Oppositionsinstrumente beschränkt werden, z.B. durch die Regel «kein Verhandlungskodex ohne eineindeutigen Verzicht auf nachmalige Referenden, Initiativen oder Rekurse in der bestimmten Sache».
- Bei offensichtlichem Missbrauch soll einem Verband das Beschwerderecht auf Zeit oder ganz entzogen werden können.
- Zur positiven Verhaltensbeeinflussung tragen auch materielle Sanktionsmöglichkeiten bei, so etwa die Hinterlegung einer angemessenen Kaution, die Entschädigung der Projektentwickler bei Abweisung der

Beschwerde oder die Auferlegung von Verfahrenskosten im Falle missbräuchlicher Beschwerden.

Oberste Werte auf dem Spiel

Bleiben Politik und Öffentlichkeit für die Probleme und Risiken der heutigen Verbandsbeschwerde blind, droht das Ungleichgewicht in der Auslegung des Nachhaltigkeitsprinzips zulasten nichtökologischer Aspekte noch zuzunehmen. Um dies zu erkennen, braucht es keine aufwendigen quantitativen Untersuchungen, geht es dabei doch um eine Grundsatzfrage. Überhaupt sollte man bei der Forderung nach möglichst verlässlichen Wirkungsanalysen immer bedenken, dass beim Verbandsbeschwerderecht auch oberste Werte auf dem Spiel stehen. Denn wenn Verbände in der partizipativen Demokratie schweizerischer Prägung quasi letztinstanzlich «öffentliche Interessen» wahrnehmen, wird die Zuständigkeit nicht nur der gewählten Behörden, sondern auch jene des Souveräns in Frage gestellt. Es ist erstaunlich, dass sich der Widerstand gegen die tendenziell ausserdemokratische, ausserkonstitutionelle Rolle der aktivlegitimierten Verbände bisher fast ganz auf die handfesten Interessenvertreter, d.h. auf Projektträger, Immobilienkreise und Standortförderer, beschränkt hat und die Kritik von staatsrechtlicher und politologischer Seite eher selten war. Die genannten grundsätzlichen Aspekte sollten beim Entscheid über die Zukunft des Verbandsbeschwerderechts als Richtschnur ein höheres Gewicht beanspruchen als konkrete Vollzugsfolgen auf der Ebene von Umsatzeinbussen, Parkplatzzahlen oder Busfrequenzen. Das Verbandsbeschwerderecht hat in einem schleichenden Prozess bereits nachhaltig in das institutionelle Gefüge des schweizerischen Staatswesens eingegriffen.

LITERATUR

ACKERMANN-LIEBRICH U. und SAPALDIA-Team (1993): Schweizer Studie Luftverschmutzung und Atemwegserkrankungen bei Erwachsenen – SAPALDIA.

BAUMAST, Annett, DYLLICK (2000), Thomas: Mediation bei Grossprojekten. Ein Ansatz zur konstruktiven Bearbeitung von Planungs-, Umwelt- und Vollzugskonflikten, IWÖ-Diskussionsbeitrag Nr. 78 der Tagungsdokumentation «Mediation bei Grossprojekten», St. Gallen.

BUNDESAMT FÜR RAUMENTWICKLUNG ARE (2001): Konsumgüterversorgung: Wichtiger Schrittmacher der Raumentwicklung, Parkplatzbewirtschaftung, Informationsheft 4/2001, Bern.

BUNDESGERICHT (1997): Urteil der I. öffentlichrechtlichen Abteilung vom 21. April 1997 i.S. Verkehrsclub der Schweiz (VCS) gegen Bauherrengemeinschaft Richti, Gemeinderat Wallisellen sowie Regierungsrat und Verwaltungsgericht des Kantons Zürich.

BUWAL (2000a): Wie wirkt das Beschwerderecht der Umweltschutzorganisationen? Kurzfassung der BUWAL-Evaluation von Flückiger/Morand/Tanquerel.

BUWAL, Verfasser: Rausch, Heribert (2000b): Panorama des Umweltrechts, Schriftenreihe Umwelt 226, Bern.

BUWAL (2002a): NABEL, Luftbelastung 2001, Messresultate des Nationalen Beobachtungsnetzes für Luftfremdstoffe (NABEL), Schriftenreihe Umwelt Nr. 343 Luft.

BUWAL (2002b): Umwelt Schweiz 2002. Politik und Perspektiven.

BUWAL (2002c): Vollzug Umwelt. Ammoniak-(NH_3-)Minderung bei der landwirtschaftlichen Nutztierhaltung. Mitteilungen zur Luftreinhalteverordnung (LRV), Nr. 13.

BUWAL und BUNDESAMT FÜR RAUMENTWICKLUNG (ARE) (2002): Publikumsintensive Einrichtungen. Verbesserte Koordination zwischen Luftreinhaltung und Raumplanung, Schriftenreihe Umwelt Nr. 346, Bern.

COASE, Ronald H. (1988): The Firm, The Market and The Law, Chicago and London.

CREDIT SUISSE ECONOMIC RESEARCH & CONSULTING (2002): Der Schweizer Immobilienmarkt – Fakten und Trends, Zürich.

FLÜCKIGER, Alexandre, MORAND, Charles-Albert, TANQUEREL, Thierry (2000): Evaluation du droit de recours des organisations de protection de l'environnement, Cahier de l'Environnement N° 314, BUWAL.

FRANKFURTER ALLGEMEINE ZEITUNG (vom 3. Februar 2003).

IDHEAP (2002): Fachbericht zu den Verhandlungsempfehlungen.

KAPPELER, Beat (2003): Die Macht der Verbände. Pseudodemokratisches Instrument, NZZ am Sonntag vom 29. Juni 2003, S. 49.

LENDI, Martin (1997): Recht und Politik der Raumplanung. 2. Auflage, Zürich.

LENDI, Martin (1998): Politisch, sachlich und ethisch indizierte Raumplanung am Beispiel der Schweiz, Wien.

LUHMANN, Niklas (1986): Ökologische Kommunikation. Kann die moderne Gesellschaft sich auf ökologische Gefährdungen einstellen? Opladen.

MARTI, Arnold (2000): Zum Inkrafttreten des Bundeskoordinationsgesetzes und weiteren Neuerungen im Bereich des Umwelt-, Bau- und Planungsrechts, in: Umweltrecht in der Praxis, Band 14, Heft 4 vom Juni 2000.

MIGROS-GENOSSENSCHAFTS-BUND (2002): Einkaufen & Mobilität. Lenkungsmassnahmen, Standortplanung, Verfahrenshindernisse. Eine Übersicht.

NEUE ZÜRCHER ZEITUNG (vom 2. Mai 2001).

OECD (2001): Environmental Indicators For Agriculture, Paris.

SPORTBAHNEN BAD RAGAZ AG (ohne Jahr): Behinderung der KMU in der Verwaltungspraxis. Ein Gang durch den Irrgarten eines Bewilligungsverfahrens.

VERKEHRS-CLUB DER SCHWEIZ (2001): Einkaufszentrum kontra Einkauf im Zentrum, Bern.

WILLEMSEN, Maarten H. (1992): Ist die Schweiz ein lebensfähiges System? Kybernetische Diagnose des schweizerischen politischen Systems. Chur/ Zürich.

WIPF, Thomas (2001): Das Koordinationsgesetz des Bundes. Die Koordination, Vereinfachung und Beschleunigung von bodenbezogenen Entscheidverfahren im Bund, Zürich.

ZÜRCHER HOCHSCHULE WINTERTHUR (2002): Parkplatzangebot und Luftbelastung bei Einkaufszentren: Fallstudie Dietlikon, ZHW-Forschungsbericht (Kurzfassung).

ZU DIESEM BUCH

Der Plan einer Untersuchung über die ökonomischen Auswirkungen der Verbandsbeschwerde reicht bis in die Anfänge von AVENIR SUISSE im Jahr 2001 zurück. In diesem Jahr musste in Zürich das Grossprojekt Eurogate endgültig aufgegeben werden. Obwohl das Scheitern dieses nicht nur volkswirtschaftlich bedeutsamen, sondern auch ökologisch beispielhaften Vorhabens geradezu nach einer kritischen Auseinandersetzung mit der Verbandsbeschwerde rief, erwies sich die Suche nach einem einschlägigen externen Autor als schwierig. Trotz weit verbreitetem Ärger über die Rolle der Verbände zögerten verschiedene kontaktierte Experten aus dem bau- und umweltrechtlichen Umfeld, sich auf das politisch heikle Thema einzulassen. Mit ähnlicher Zurückhaltung reagierten anfänglich auch Projektträger und Amtsstellen auf Anfragen für Informationen zu einschlägigen Fällen. Nach dieser Lernphase lag es deshalb auf der Hand, dass der zuständige Projektleiter, Dr. Hans RENTSCH (Mitautor der AVENIR-SUISSE-Bücher «Der Preis des Föderalismus» und «Der Alleingang»), selbst die Federführung für das vorliegende Buch übernahm.

Ohne die gewährten Akteneinsichten und Erläuterungen der zahlreichen Gesprächspartner auf Bauherrenseite, aber auch bei Behörden sowie in Wissenschaft und Politik wäre aber die vorliegende Studie nicht zustande gekommen. Wertvolle Einblicke und Anregungen, die in die Studie einflossen, stammen zudem von den Verkehrs-, Planungs- und Umweltexperten Dr. Hannes WANNER und Robert ENZ (ZÜRCHER HOCHSCHULE WINTERTHUR) sowie von Urs MEIER (PLANPARTNER AG). Auch die rechtlichen Stellungnahmen von Prof. Dr. Isabelle ROMY (UNIVERSITÄT FREIBURG), Oberrichter Dr. Arnold MARTI (Schaffhausen), Prof. Dr. Hansjörg SEILER (UNIVERSITÄT LUZERN) und Rechtsanwalt Dr. Thomas WETZEL waren für die Untersuchung sehr nützlich.

Wichtige Hinweise zur staatsrechtlichen Problematik der Verbandsbeschwerde verdankt das Buch Prof. Dr. Martin LENDI. In die intensive Schlussredaktion flossen Kommentare von Prof. Dr. Jean-Christian LAMBELET und Dr. Beat KAPPELER sowie wichtige Hinweise von Ständerat Hans HOFMANN ein. Die Korrektur besorgte Marianne SIEVERT, Gestaltung und Satz lagen in den Händen der AVENIR SUISSE-Grafik mit Yves WINISTOERFER. Die Fotografien der (bebauten und nicht bebauten) Projektparzellen stammen von Melanie HOFMANN.

NOTIZEN